# ラムズフェルドの人生訓

ドナルド・ラムズフェルド 著
井口耕二 訳

RUMSFELD'S RULES
Leadership Lessons in Business, Politics, War, and Life

DONALD RUMSFELD

# ラムズフェルドの人生訓

RUMSFELD'S RULES:
Leadership Lessons in Business, Politics, War, and Life
by
Donald Rumsfeld


Published by arrangement with Broadside Books,
an imprint of HarperCollins Publishers
through Japan UNI Agency, Inc., Tokyo.

孔子、クラウゼビッツ、チャーチル、孫子など、
本書に記した法則の源となった知見や見識を提供してくれた人々に、
また、自分の力でなれたであろう以上に私を賢くしてくれた人々に捧ぐ

# ラムズフェルドの人生訓　目次

はじめに――お知恵拝借のすゝめ　7

CHAPTER 1　下積みから始めよう　STARTING AT THE BOTTOM　14

CHAPTER 2　会議　RUNNING A MEETING　35

CHAPTER 3　人材の登用　PICKING PEOPLE　57

CHAPTER 4　戦略的に考える　THINKING STRATEGICALLY　83

CHAPTER 5　不測の事態に備える　PLANNING FOR UNCERTAINTY　109

CHAPTER 6　知らないと知らないこと　THE UNKNOWN UNKNOWNS　131

CHAPTER 7　危機に対処する　CONFRONTING CRISIS　149

CHAPTER 8 取材対応 MEETING THE PRESS 170
CHAPTER 9 レスリングの教訓 WHAT WRESTLING CAN TEACH 197
CHAPTER 10 官僚主義と戦う BATTLING BUREAUCRACY 209
CHAPTER 11 リーダーシップ世界一の組織から学べること LESSONS FROM THE WORLD'S MOST SUCCESSFUL LEADERSHIP ORGANIZATION 241
CHAPTER 12 大統領執務室裏話 INSIDE THE OVAL OFFICE 265
CHAPTER 13 資本主義について THE CASE FOR CAPITALISM 292
CHAPTER 14 意志という楽天的性格 THE OPTIMISM OF WILL 313
謝辞 328
付録 331／原注 332

本書は原文の解釈のまま訳しています。

# はじめに——お知恵拝借のすゝめ

おもしろいとか鋭いとか感じることに出会い、「これはメモしておくべきだな」と思ったことがある人は少なくないだろう。私は何度もそう思ったし、実は昔から、実際に書き留めてきた。たぶん、学校の先生だった母の影響だろう。知らない単語に出会ったら書き留めて、後で調べなさいとよく言われたのだ。そしてそのうち、単語だけでなく、熟語や慣用句、表現、そして、ちょっとした知恵などもメモしては靴箱にためるようになっていた。

第二次世界大戦で父が空母に乗り組んでいたときのことを紹介しよう。私は、友だちと遊ぶ時間がもっと欲しいからボーイスカウトはやめようと思うと父に手紙を書いた。数週間後、ごく薄い紙の手紙が戻ってきた。「勝利《Victory》」を意味する「V郵便」と呼ばれていたものだ。そこには、ボーイスカウトは自分の好きにすればいい、だが「ひとつやめたら、次もまたやめ、気づいたときにはやめることばかり上手になっているぞ」と書かれていた。この教えは靴箱に入れた。長じて海軍に入り、フロリダ州ペンサコーラで飛行訓練を受けていたときには、訓練に使っていた単発のプロペラ機、SNJのマニュアルにすごくいい教えが書かれていた。「現在位置がわからなくなったら、上れ、切り詰めろ、そしてぶちまけろ」である。「上れ」とは上昇しろということだ。上れば遠くまで見渡せて方角もわかりやすくなるし、エンジンが止まっても滑空して安全に着陸できる可能性が高くなる。「切り詰めろ」はスピードを落として混合気を「ぎりぎりまで薄く」し、燃料を節約しろということだ。そうすれば飛んでいられる時間が長くなり、現在位置をじっくり見定める余裕ができる。「ぶちまけろ」とは、「現在位置を見失った。助けてくれ！」と無線で訴えろということだ。

「上れ、切り詰めろ、そしてぶちまけろ」は、途方に暮れたり八方ふさがりになってしまったりしたとき（そういうことは誰にでもあるものだ）、役に立つ教訓だ。難しい状況でなにをどうしたらいいかわからなくなったら、一歩下がって全体を把握し、深呼吸して落ちつくことが大事だ。それでもなお進むべき道が見えなければ、それが現実だと認め、助けを求めよう。

その何十年かあと、リチャード・ニクソン大統領の政権で、私は、国内問題のトップアドバイザーを務めていたダニエル・パトリック・モイニハンとご一緒することがよくあった。モイニハンはジョン・F・ケネディ大統領とリンドン・ジョンソン大統領にも頼りにされたとても優秀な方である。彼と話をするとなにがしか新しいことが学べるし、人生に前向きになれる。

ちなみに、彼は、ほぼあらゆることに興味を示した。「ドン、靴下は黒しか買っちゃいけないよ」と唐突に言われたこともある。さすがにわけがわからず目で問うと「黒ならなんにでも合うからね」と返ってきた。めちゃくちゃ忙しい仕事をしているのだから、どうでもいいことは時間を使わずにすませろということだろう。いや、まあ、単におしゃれのアドバイスをしてくれたという可能性も否定できないのだが。

下院議員時代からの友だちであるジェラルド・フォードには、大統領に昇格した1974年、大統領首席補佐官になってくれと頼まれた。そして、リチャード・ニクソンが突然辞任したせいで大統領になり、難題に次々と対処しなければならなくなって大変だという愚痴をよく聞かされた。そんなある日、昔から集めてきた法則のひとつをたまたま口にし、ほかにも政治関連の教訓や格言を集めていると言うと、ぜひ見たいという話になった。

だから昔からの秘書、レオナ・グッデルに清書してもらい、若干の手直しをした上でコピーを大統領に渡した。するとすぐ、これはいい、「ラムズフェルドの人生訓」としてこれをホワイトハウスのシニアスタッフに配ってくれと返ってきた。以来、この「人生訓」は、歴代の大統領、政府高官、経営者、外交官、連邦議員など、多くの人に読まれてきた。人生訓が一人歩きしていると感じたほどだ。

「ラムズフェルドの人生訓」は法則をまとめたものと言ったが、そのすべてが私から生まれたわけではない。さらに言うなら、すべてが法則というわけでもない。大半は、ほかの人々の人生訓やちょっとした知恵だ。正直なところ、生まれてこのかた、真にオリジナルな考えなど浮かんだことはないのかもしれない。私は、自分より優秀な人と一緒にいるのが好きだ。私より知識のある人、私がしたことのない経験をしてきた人と一緒にいるのが好きだ。難しいと思う問題はほかの人々と議論することで理解するのが常だ。たまたま、そういうとき議論の相手になってくれたのが、実業界や軍、政治、政府、世界的問題といった分野で一目置かれる人々だった。「ラムズフェルドの人生訓」を生んだのは、基本的に彼らなのだ。もちろん、80年からにわたる幸運な人生で私が見聞きしたり経験したりしたものも混じってはいる。

本書の形式についても触れておこう。誰の言葉かわかっているものは、その方の名前を付した。私が生みの親のものと誰の言葉かわからないもの――「知らないと知っている」ものと言ってもいいだろう――には名前を付していない。

本書の格言や処世訓が役に立つのは、人間性そのものを記しているからだろう。文化は変わっていくし、最近は技術革新でできることも増えているが、そのような変化をものともしない永遠の真実だからだろう。いずれも懐《ふところ》が深く、活躍の場が政府であれ教会であれ、実業界、スポーツ、軍であれ、リーダーたらんとする人の役に立つはずだ。選りすぐりの知恵であり、日常生活でも利用できるし、ふだんの会話でも会議でも気づきにつながるはずだ。説得力を高めることもできるだろう。決断する際の道しるべにするのもいい。

ひとつにまとめたのは1974年だが、これは不変的ではなく、その後も、なにか学ぶたび

政治関連の教訓や格言を集めていることを知ると、フォード大統領は、それを見せてくれと言ってきた。だからコピーを渡した。それを「ラムズフェルドの人生訓」と名付けたのはフォード大統領だ。

に改訂してきた。改訂しなかった日などほとんどないくらいだ。この「人生訓」ができてからいままで40年ほどのあいだに、私にも歴史にもさまざまなことが起きた。私の関係では、多彩な役職の政府高官を経験したし、フォーチュン500企業の2社でCEO（最高経営責任者）も経験したという具合だ。

民間企業の経験から、私は、ある意味、政府における経験以上に多くを学んだと思うし、だから「ラムズフェルドの人生訓」も民間で学んだことのほうが多くなっている。ちなみに、人生訓に採用したあとも、なにか気づくたび、こまめにメモしてきたし、本書では、各人生訓にまつわるストーリーや体験談も記しておいた。誰かの失敗から学んだものもある。もちろん、私自身が手痛い失敗をして学んだものも少なくない。つまり、私という人間が一生を通じて出会った知恵の集大成、「ラムズフェルドの知恵袋」とでも言うべきものだ。

人生訓に採用した中でも特にお気に入りの法則を紹介しておこう。本書を読むときにも役に立つはずのものだ。「法則はすべて不正確だ——この法則も含めて」である。つまり、なにも考えずに法則を適用してはならないわけだ。だからリーダーシップは難しく、真に優れたリーダーはめったにいないのである。難しい判断は、メリットとリスクを勘案しただけでは下せない。基本的な方針からして矛盾していたり、それこそ規則の類いにいたるまで矛盾していたりするのだから。実際、集めた知恵も実績のあるやり方もすべて再検討し、規則すべてを振り捨てなければならないときもある。ダグラス・マッカーサー元帥も「規則は破られるためにあるのに、ぐうたらが隠れみのにすることが多すぎる」と語っている。マッカーサー元帥自身、朝鮮戦争で規則を破って最高司令官の命令を無視し、ハリー・トルーマン大統領に更迭されているわけで、これはさすがに言い過ぎだろう。だが、優れたリーダーの判断が規則よりも優先されるべきときがあるのも事実である。進むべき道を一歩ずつ詳細に記したガイドブックもロードマップも人生にはないし、難しい問題さえ必ず解決できるアルゴリズムなどというものもない。あらゆる状況に対応できる法則もありえない。

「ラムズフェルドの人生訓」は、ものによって適用できる人生やキャリアの段階が異なる。いまの状況にぴったりのものもあるかもしれない。将来、出世して責任が重くなったとき、役に立つものもあるかもしれない。

なお、本書は、そういう年代ごとの分類ではなく、テーマごとに分けてある。使い方はご自由にどうぞ。最初から順に読み進むのもよし、おもしろそうなところをあちこち拾い読みするのもよし。思わず笑みが浮かぶ法則がいくつかあれば幸いである。

海軍の飛行士として、下院議員として、大統領首席補佐官として、大使として、政府高官として、大統領特使として、国防長官として、ＣＥＯとして、取締役として、夫として、３人の子どもの父親として、７人の孫の祖父として、私自身も、本書の法則をよく活用してきたし、いまも活用している。ただし、法則に必ず従うわけではないことも申し添えておこう。なにせ、お気に入り法則のひとつが「法則を作るときは10箇条以下にせよ」なのだから。

CHAPTER 1

# 下積みから始めよう

STARTING AT THE BOTTOM

出身がロックフェラーやケネディ、ヴァンダービルト、ブッシュなどの名家でないかぎり、はしごの上段から人生を始めることはできない。我々凡人は、一番下あたりからスタートすることになる。大恐慌と第二次世界大戦のころ、私はまだ子どもだったが、氷やサンドイッチ、新聞を配達したり、雑誌を売ったり、芝生を刈ったりしてお金を稼いだ。建設現場でも働いた。掃除もしたし、じゅうたんを洗う仕事もあった。アフリカ系アメリカ人の女性で初めてフォーチュン500企業のCEOになったゼロックスのウルスラ・バーンズも、夏のインターンからキャリアを積み上げたという。NFL（ナショナルフットボールリーグ）のコミッショナー、ロジャー・グッデルも最初はインターンで、当時のコミッショナー、ピート・ロゼールの運転手などから始めている。マクドナルドのジム・スキナーCEOも、最初は店長見習いだった。

ジャック・ウェルチは、1960年、平エンジニアとしてGE（ゼネラル・エレクトリック）に入社している。彼らは、みな、すばらしい人々に囲まれて一生懸命に働き、出世していったのだ。

## 頂上から学ぶ気持ちをもって底辺から始めろ

下のほうからスタートすると、つい、上のほうにいる人は、みな、運がよかったか魔法でも使ったか、あるいは、ふつうの人にない特殊なスキルを持っていたかでその地位についたと考えがちだ。たいがいは違う。私が知るかぎり、成功した人々のほとんどはなにもないところからスタートしている。もちろん能力もあったわけだが、でも、真剣に働き、周りの人から学んできた。意識していたかどうかはわからないが、平レベルや中間管理職レベルから上級レベルへと進む人なら誰もがすることをしてきたのだ。

大学卒業を控えた娘からキャリアの相談をされたことがある。もしかすると、私のほうから押し売りしたのかもしれない。そのあたりはよく覚えていない。ともかく、彼女は、どの業界に就職しようかとか、地元に就職すべきかとか、それともシカゴかワシントンDCかどこか別の都市で仕事をするのがいいかとか迷っていた。それを聞いたとき、思った。一番大事なことを忘れているだろう、どこで働くかより、誰と働くか、だよと。

私は、運のいいことに、米国トップクラスの人々と、いや、それこそ世界でもトップクラスの人々に囲まれて仕事をしてこられた。観察し、耳を傾け、学ぶことができたのだ。おかげで仕事人として成長できたし、最終的にはリーダーとしても成長できたと思う。1957年に25歳で海軍を除隊し、妻ひとり子ひとりのほかは金なし、コネなし、仕事なしでこれからどうしようと思ったころには想像もできなかったほど人生がおもしろくなったのも、そうして学ぶ機会があったからだろう。

除隊した私は、奨学金で通ったプリンストン大学の就職課を頼った。そこでオハイオ州ウォーレン選出のデビッド・デニソン下院議員が行政補佐官を探していると言われたので、面接を受けるためシカゴからワシントンDCまで飛んでいった。政治や行政に昔から興味があったからだ。

デニソン議員は、下院議員とはかくあるべしと私が思うとおりの人物だった。温厚でありながら、オハイオ州北東部の人々を代表する栄誉をかみしめて職務に邁進《まいしん》する。そんな彼に補佐官を頼むと言われ、とてもうれしかったことを覚えている。

米連邦議会で仕事ができる。わくわくする一方で、なにをどうすればいいのかまるでわからず不安もいっぱいだった。経験皆無なのだ。議員事務所はもちろん、事務所と言われる類いのところで働いたことさえない。大学卒業後は海軍の飛行士。それしか経験していない。法案の進み具合を確認する、選挙区からの連絡に対応する、演説の原稿を書く、ラジオ番組の手配をする……仕事は膨大で多岐にわたる。全部こなすなど不可能にしか思えないほどだ。ペースがすさまじいのに経験不足のため、毎日、どうしようもなく疲れてしまい、家に帰るころには胃が痛む始末だった。

私は、有能で経験豊富な人に囲まれて仕事人生を送ることができた。デニソン議員の次は、ミシガン州選出の元気な若手、ロバート・P・グリフィン下院議員（のちに上院議員となる）の下で働いた。グリフィン議員との関わりでは、ある意味、歴史を変える機会に恵まれたとも言える。連邦選挙で初当選したとき、議員の宣誓もまだのうちに、保身ばかりの下院共和党執行部に反旗を翻すぞと誘われたのだが、そのとき彼が下院共和党会議議長に推していたのが、同じくミシガン州出身の友だち、ジェラルド・R・フォードである。というわけで、私も、1962年以来、フォードと親交を結ぶことになり、人生が大きく変わったし、おそらく彼の人生も大きく変わったのだと思う。1964年の下院少数党院内総務に立候補すべきだと我々がフォードを説得していなければ、その11年後、リチャード・ニクソンが彼を副大統領に選ぶことはなかったはずだ。

下院の科学宇宙航空委員会では、ドイツから亡命してきたロケット工学の専門家、ヴェルナー・フォン・ブラウンの知己を得ることができた。「ヒトラーのロケット博士」などと呼ばれていた人物で、第二次世界大戦中、多くの英国人を殺したV2ロケットの設計にも関わっている。戦後、ソ連の誘いを断って米国に亡命。彼なしでは米国宇宙計画の成功はおぼつかなかったかもしれない。彼と出会ったことも、その脅威とメリットを含め、弾道ミサイルに私が興味をいだくようになった一因である。後々、私はミサイル防衛構想を強力に押し進めるのだが、それもまた、この経験があったからではないかと思う。

１９６８年には、大統領選を勝ち抜いたリチャード・ニクソンから、下院議員を辞めて政権に入ってくれと請われた。なんども断ったのだが、最後は承諾。結果として大統領府での経験は実り多いものだった。ダニエル・パトリック・モイニハンの話はいつも興味を引かれる深いもので、おもしろいことが多かった。ジョージ・シュルツ、アーサー・バーンズ、ハーバート・スタイン、ミルトン・フリードマンなど、名だたる経済学者からも学ばせてもらうことができた。もちろんニクソン大統領からもだ。大統領は、政権に勧誘した実力者からその知識やノウハウを授けてもらうことがいかに大事かをよくよくわかっている人物だった。

## 努力はツキを呼ぶ
——スティーブン・リーコック

ふり返って考えると、あのとき娘にしたアドバイスは、仕事を始める若者にいまも当てはまるなと思う。給料や肩書、勤務地、事務所の窓から見える眺めなど気にするな。そんなものは、懸命に働き、成果をあげればどうにでもなるし、そもそも、優秀な人と一緒に働けさえすればなんとでもなってしまう。アメリカンフットボールのコーチをめざすなら、ビル・ベリチックかハーボー兄弟のスタッフに下っ端でいいからもぐり込んだほうが、二流、三流の人の幹部スタッフになるよりずっといい。俳優をめざすなら、メリル・ストリープやクリント・イーストウッドなどのところに行くべきだ。仕事はコーヒーを淹れたりコピーを取ったりの雑用でもいい。その人の「世界」に身を置けるなら、仕事なんてなんでもいいのだ。一流中の一流から学べるなら、その周りにいる優秀な人をじっくり観察できるなら、すばらしい時間の使い方だと言える。

ニクソン政権時代、秘書として雇ったディック・チェイニーは、私の下では、いい仕事をするともっと仕事が降ってきたとよく言う。当たり前だ。優秀で心構えがしっかりしていて、積極的な部下がいたら、ここで働き続けたいと思って欲しいし、成長して欲しいとも思うものだ。そのとき、責任ある仕事をもっとたくさん任せる以上にいい方法はそうないと思う。

ディック・チェイニーは28歳のとき、私のところに来た。覇気に満ちた若者だった。野心もあっただろうし、心に決めた目標もあっただろう。だが、だからどうしてくれと私に求めることはしなかったし、いずれにせよ、将来、米国副大統領になりたいとまでは思っていなかったのではないだろうか。ともかく、給与に不平をもらすこともなかったし、もっといいオフィスをくれとも言わなかったし、昇進を求めることもなかった。黙々と仕事に打ちこみ、責任を引き受け、的確な進言をしてくれた。取るに足らないことまで私のところに持ってきたりせず、与えられた仕事をきっちりこなしていく。加えて、与えられていなくても、これはやるべきだと判断した仕事もしていた。与えられた仕事が気にいろうがいるまいが、最善を尽くしていれば、周りはちゃんと評価してくれるものだ。

## 主《ぬし》に学べ

1960年代前半、シカゴで株のブローカーをしていたころ、私は、まずビルの最上階に上がり、オフィスを一つひとつ全部ノックしてはひとつ下の階に移るということをした。また、電話をかける客先の総務部には、必ず顔を出すことにしていた。あのころ総務部といえば女性の城に近い部署だったのだが、そここそが防御の最前線だからだ。幹部に取り次ぐのもお帰り願うのも彼女たち次第。同時に情報の泉でもあり、その気になってもらえさえすれば大きな助けとなる。

デニソン下院議員の事務所も、同じように、女性陣が切り回していた。ヘレン・ワングネスにアン・ドラモンド、フラン・ミンター。いずれも、こと米連邦議会については経験豊富な歴戦の勇者だ。私は、彼女らに仕事を教えてもらい、一緒に事務所を切り回した。

どこの組織にも、こういう鍵を握る人物がいる。病院なら看護師。患者にどう接するべきか、実践的なアドバイスをインターンや新任医師にするのは、往々にして彼らである。工場なら現場監督か。軍なら曹長、軍曹クラス。組織の知識を持っているのは、どんどん入れ替わる管理職ではなく彼らなのだ。そして、たいがいの場合、喜んでその知識を分けてくれる。
彼らから学んだことは多いが、一番大事なのはこれだろう。「どういう地位にいても、自分よりよく知っている人、自分より長くそこで仕事をしている主《ぬし》のような人に教えを請え」だ。そういう人をみつけ、耳を傾け、学ぶのだ。

## えらくなったと勘違いするな

雇われて働くなら謙遜と分別が大事だ。どういう地位や肩書だったとしても、外の世界が自分を通して上司を見ていることを忘れてはならない。自分の言動で上司やそれこそ組織全体が評価されるのだ。外に向けて発信するときは、上司や組織の意向に沿ったものとする。

**上司に指示されたことは、事実という面においてもニュアンスという面においても、上司の意向に沿う形で実行しなければならない。**

デニソン下院議員のスタッフだったころ、これこれについて下院議員はどう考えているのだろうかとか、場合によっては、あなたはどう考えているのかなどと地元選挙区の人やジャーナリストから聞かれることがよくあった。実際問題、私の考えなどどうでもよかったはずだ。スタッフの職を辞したら、私の考えを尋ねる人などいなくなるのはまちがいない。選挙区の人々、何十万人の利益を代表する人物として選出されたのは、私ではないのだから。だが、自分の意見をしっかり持っていたりすると、そのあたりを忘れてしまうスタッフがときどきいる。そういう思い違いはきれいさっぱり捨てなければならない。できなければクビが飛ぶことになる。

## トップが判断すべきこと以外は部下がやれ

よく知っていることしか話されない会議に出るハメになったり、考えてみる必要のない議論に引き込まれたりしたことが何度もある。そういうときは、わかってくれよと思いながら、うんざりしていることを表情で匂わせるようにしていた。トップは忙しい。組織のレーダーに引っかかった課題すべてに関われるほど暇ではないのだ。だからスタッフを雇う。直接話をする機会を得るためだけにボスのところに話を持っていくのはスタッフのすることではない。

国防省では、軍関係者と文官のシニアスタッフがすばらしいネットワークを構築している。その多くは陸海空軍と海兵隊の大佐クラスで、さらに上の武官・文官のスケジュールを調整したり書類の流れを整理したりが仕事だ。国防省は所管が多岐にわたるしそれぞれ独立していることも多いので、彼らなしにはまともに機能できない。国防省《ペンタゴン》時代の私の部下は、いずれも、私の指示を仰ぐべきか自分で処理すべきかを上手に判断してくれた。私がどういう意見を持ち、どう考えてどう行動するのかをじっと観察した結果、私の指示をシニアスタッフの武官・文官に回すか否かは自分で判断してよいと心得てくれていたのだ。どのような組織でも、上の見解や意向に注意を払い、それを組織の下に伝えてくれる部下は重用されるものだ。上司のところになにか持っていくときは、まず、上司以外にも判断できることなのではないか、上司以外の人がやるべきことなのではないかを考えてみよう。

## 迷ったら上にあげろ

上司に時間を使わせるべきか否か迷う理由があるときは、上司に話を持っていかなければならない。この確認をせずに大事な話を進めてしまうと、上司の考えに反する指示を下に伝えてしまうことになりかねない。問うべきことを上司に問わず進めると、後々、無駄に時間を取られたりトラブルに悩まされたりする。

上司のところへ行って指示を仰ぐときは、似たような案件にも役立つ回答が得られるように努力すべきだ。たとえば、この仕事で誰それに残業させてもいいですかと尋ねるのではなく、「どういう場合なら残業させていいのでしょうか」と尋ねるのだ。

上司の指示を仰ぐときは正確、かつ簡潔に話してさっとおしまいにする。だらだら話をしていると、またお前かと上司にいやな顔をされるようになる。紙と鉛筆を持っていくのも大事だ。

レストランで8人の客からややこしい注文を取るのにメモをしないなどありえないだろう。まちがいなく、なにか忘れてしまう。そして、さきほどはどういう話でしたっけと確認されると、ほとんどの人はイラッとする。声帯を動かしたくて部下を呼ぶ上司などいない。伝えたいことがあるから呼ぶのだ。であれば、きちんとメモして、二度手間をかけさせないのが部下の務めである。

## ミスったら上司に報告し、急いで修正しろ

2004年1月、バグダッドの記者会見で発表した捕虜虐待の調査開始は、報道機関でも世間でも、ペンタゴン内部でも、特に注目を集めるようなものではなかった。国防省では300万人からが働いていて、そういう調査は、毎年、何千件も行われる日常業務であり、これもそのひとつととらえられていたからだ。アブグレイブ刑務所で、夜間、イラク人捕虜が虐待されたことはまちがいがなくて、兵士が撮った写真がみつかり、証拠として押収されていた。

3カ月後、その写真をテレビ局が手に入れ、特集番組を用意しているとの話が入ってきた。私は、問題の写真を見せてもらうことにした。大統領と議会に話を通しておかなければならないし、国防省としての対応も考えておかなければならないからだ。悲惨な写真だった。これが表沙汰になればイラク戦争の義がゆらぎ、イラクでは抗議行動が広がるだろうし米国ではイラ

ク戦争に対する支持が下がるだろう。それほどひどい写真だった。米陸軍の制服を着た警備兵数人が残虐としか言いようのない行為をしていて、見た瞬間、腹を思いっきり殴られたような衝撃を私は感じた。これほどのものだと調査開始時に知らされていれば、すぐペンタゴンから大統領と幹部議員に連絡し、対応の準備を整えられたはずだ。時すでに遅し、である。

どれほどの虐待であったのか、大統領にも米国民にも申し訳ないとしか言いようがない。急いでかったのは本当に残念だ。大統領にも、私や制服組シニアスタッフのところまで話が上がってこなかったのは本当に残念だ。

このあと、私は、辞表を大統領に提出。二度出したが、二度とも受け取っていただけなかった。ブッシュ大統領のところに話を持っていったが、対応を十分に準備する時間はもうなかった。ミスというものは、早い段階にトップまで上げ、真剣に対応すれば、収まりをつけられることが多い。時間がたてば自然によくなるということはない。なにかミスったら、すぐ上司に伝えるのが一番だ。

### 上司のせいにするな
### そうでなくても上司は大変なのだ

1977年、国防長官の職を辞す少し前に、「原子力潜水艦の父」と言われるハイマン・リッコーバー海軍大将に面会を求められたことがある。リッコーバー大将は従軍63年と米国史上最長の在任期間を誇る海軍士官であり、海軍の主《ぬし》とも言える存在だ。押しが強く、部下からブラックジョーク的に「情け深い老紳士」と呼ばれたりするらしい。もちろん実際はその対極である。提言とは受け入れられるものだと彼は考えていた。歴代の国防長官も含め、自分の提言が受け入れられないことなどありえない、と。なんだかんだ、初代から15代目まで、どの国防長官にも仕えてきた人物である。

その重鎮大将は、原子力潜水艦関連で出した提言が承認されていないとたいそうなご立腹だった。そして、それは、私の上級軍事補佐官を務めているステイサー・ホルコム海軍少将が握りつぶしたからだと考えていた。自分の提言が国防長官に承認されないことがあるなど想像もできず、犯人はホルコム少将に違いないと思い込んでいたのだ。ホルコム少将は礼儀正しく、提言をつぶしたのが自分ではなくリッコーバー大将のボス、すなわち国防長官の私だとは口が裂けても言わない人物だった。

数週間後、来室したリッコーバー大将は、ホルコム少将に対する怒りをぶちまけてこられた。割って入る。

「大将どの。原因はステイサーではありません。大将どのの提案は、すべて、私のところに回されていて、同意できると思ったものは承認しました。賛同できなかったものは否認しております」

リッコーバー大将は大変に驚かれたようだし、真実がわかって満足という風情でもなかったが、ホルコムを責めるのはお門違いだと私から直接聞くことはできたわけだ。

この件は、上司に対する部下の行動はどうあるべきか、どう上司を守るべきかのいい例だと言える。これはやれと言われてする話でもなく、当然にすべき話だ。なお、上司は上司でこれに応える必要がある。部下をかばうのは、まっとうな上司なら当然にすることだ。

上司になるべく多くの選択肢を渡そう。厳しい決断をしなければならないのは上司なのだから。やさしい判断なら下の人間がすればいい。上司の自由度を狭め、厳しい判断を難しくしないこと。

**合意を得たければ話を一般化すればいい。**
**ただその場合、それらしくはあっても骨抜きの政策にしかならない。**

ジョージ・W・ブッシュ政権で二度目の国防長官に就任した2001年、私は、国家安全保障会議の雰囲気が変わっていることに気づいた。望む道につながる選択肢を大統領が選べるように、難しい課題について選択肢を磨き上げるのではなく、コンセンサスの形成に重きを置いたものになっていたのだ。これは、人によって見方の違う案件で大きな問題となりかねないやり方だと思う。ブッシュ大統領は、明快な選択肢を並べられれば、それをきちんと判断する度量もあれば適切に判断する力もある方だ。難しい判断をしなくてすむように守られる必要など

上司の選択肢を狭めない。上司にとっては大事なことだ。

ない。だいたい、水と油ほども違うやり方を混ぜ合わせたのでは、矛盾をはらむ政策になりかねない。北朝鮮を孤立させるべきか、それとも話し合いを進めるべきかなど、意見に対立があるような場合だ。

大統領によって好みの進め方は異なる。たとえばニクソン大統領は、選択肢をずらりと並べ、自分ひとりか、ごく少数の側近とじっくり検討するという形を好んだ。彼が自室でひとり、両足をオットマンに預け、手には付箋紙を持ち、ペンをくわえて、選択肢を一つひとつ黙考する姿はいまも私のまぶたに焼き付いている。たくさんの選択肢について、一つひとつ賛成意見と反対意見を考慮しながら検討できたほうが、リーダーにとってはいいと私は思う。判断がよくなかったと後々判明しても、あらゆる意見をつぶさに検討した結果だと思えるはずだし、全側近にそれぞれ自分の意見を表明してもらえた点については気が休まるはずだからだ。

## 緊急案件に追われて重要案件を忘れるな

強いプレッシャーがかかると、緊急案件を優先して重要案件を後回しにしがちだ。だから私は、国防長官時代、失念しておられるおそれのある重要案件を大統領に指摘するようにしていた。形式はメモで、コピーを国家安全保障会議のメンバーにも配る。

２００６年、米国は、アフガニスタンとイラクの戦争という喫緊の課題と世界的なテロリズムとの戦いを念頭に安全保障を組み上げていた。それはそれで正しいことなのだが、21世紀にそぐわない組織については改革なり、場合によっては入れ替えなりの必要性を検討し、進めていく必要があると私は思っていた（いまも思っている）。だから、この点について議論できる時間があることを願いつつ、そういうメモを大統領に提出した。残念ながら、米国の安全保障全体を根本的に見直す動きはいまだない。

第二次世界大戦の画期的なイノベーションも、スタートはこういうメモだった。

１９３７年、第二次上海事変の上陸作戦をじっと観察している男がいた。海兵隊のビクター・クルラック中尉である。この20年前、第一次世界大戦で連合国がトルコのガリポリに上陸作戦を敢行し、多くの死者を出したことから、上陸作戦は自殺行為だと考えられていた。対して日本軍は、兵員や車両が上陸できるよう可倒式傾斜路を持つ船を造っていた。近くのタグボートにいたクルラック中尉はひそかに写真を撮ると、日本の上陸艇はすばらしい、似たものを造るべきだろうとメモを書いてワシントンに送る。だが、このメモは、陸軍省の奥深くにしまわれ、日の目を見なかった。一説によると、「中国にいる変人がした仕事」というラベルが付されたらしい。

クルラックはあきらめなかった。帰国後、ニューオーリンズの一風変わった船大工、アンドリュー・ヒギンズに協力してもらい、日本のものとよく似た可倒式傾斜路を持つ船、通称ヒギンズボートを造りあげたのだ。やがて海兵隊も、上陸作戦用の船が必要だと方針を転換。こうしてヒギンズボートは、第二次世界大戦である意味もっとも活躍した軍用船となる。ノルマンディー上陸作戦から太平洋西側の島々に対する攻撃などで大勢の連合国兵士と大量の装備を運び、勝利をもたらしてくれたのだ。

## 忠言と不忠は別物である

——カーチス・E・サハキアン

まちがっていると上司に指摘するのは、スタッフの大事だが難しい仕事である。上司によっては大変なことになりかねない。だが、側近にするほど信頼されているのであれば、いさめる言葉に耳を傾けてもらえることが多いはずだ。必ずしも聞きたいことではなかったりするだろうし、それは違うと思われるかもしれないが。ともかく、仮にも側近なら、はっきりと伝えるべきだ。人はまちがうものなのだから（しかも意外なほどによく、だ）。

優れたリーダーはイエスマンを嫌う。イエスマンとは、ボスがすることなすこと、それこそネクタイにいたるまで褒めそやし、ボスの言葉はすべて正しいともろ手を挙げるタイプだ。ボスが判断をまちがえたり現実が見えなくなったりしかねないので、組織にとっては危険な存在である。

ちなみに、妻のジョイスは意見があればはっきり言うタイプである。自分なりの見方をしっかり持っていて、必要に応じていいアドバイスをしてくれる。そう言えば、私のような男と58年も結婚生活を続けられた秘訣《ひけつ》を尋ねられたときには、にこりともせず「出張ばかりしていますからね」と答えている。

上司がまちがったほうに行きそうだと思ったときや、上司のやり方に異論がある場合は、「こういう面は検討されましたか」「こういうやり方はいかがでしょうか」「マイクに相談はされましたか」みたいな言い方がいいだろう。対決したりバカにしたりしてもいいことはない。忠言を聞いた上での判断がやはりまちがっていると思ったときには、もう一度、ふたりだけのときにそっと伝えるべきだ。

フォード大統領は、民主党のティップ・オニール下院議長と仲がよかった。アイルランド系の社交的な有力議員で、話がおもしろいと評判の人物だ。その彼から、1974年12月、62歳の誕生日を祝う会を催すからと友人や下院の議員仲間だったフォード大統領に招待状が届いた。

フォード大統領は就任から4カ月もたっておらず、まだごたごたしている最中だった。私は大統領首席補佐官で、式典の類いについて、どこで開催されるのか、時間はどのくらいかかるのか、誰が参列するのかなど、詳しい情報を集めることも仕事のひとつだった。

そして、担当の部下から、誕生会について、主催がパク・トンスンという韓国のロビイストだとの情報がもたらされた。新聞で見た名前である。連邦議員とあやしげなうわさが流れる外国人ロビイストが主催する会に大統領が顔を出すのはまずかろう。

「大統領、誕生会への出席、考え直されるべきだと思います」

大統領執務室でこう大統領に申し上げた。下院議員時代なら報道界も世間も特に詮索《せんさく》しなかっただろうが、米国大統領となると話は別だ。

ジェリー・フォードはとにかく友情にあつい。そんな彼にとって、友との約束を反故《ほご》にするなど受け入れられるはずがない。

「それはない。ティップは友だちだ。参加するよ」

この話はこれで終わったと大統領は思っただろう。だが私は、参加は絶対にまずいと考えていた。なので、別の機会にこの話を蒸し返すことにした。

「大統領、ティップ議員の誕生会ですが、参加するのはまずいとわかっておられるはずです」

「いい加減にしろ、ラミー。その話はもうしただろう。俺は行くよ?」

「では、会場までお歩きください。捜査の対象となっている可能性がある外国人ロビイストの負担で開かれるパーティに防弾仕様の大統領専用リムジンで乗り付ける手配はできませんので」

このときは、いつも温厚なジェリー・フォードが珍しく真っ赤になるほど怒った。

だが最終的に参加は取りやめとなった。のちには笑い話となるのだが、そのとき、大統領は友情で判断が曇ってしまったと言ってくださった。

付け足しておくと、このロビイストから議員に賄賂が贈られていたことが判明し、一部議員に譴責《けんせき》決議が行われたりした。また、その後、米連邦議会関連でパク氏主催の誕生会が開かれることはなくなった。

## 疑問に思うならやめておけ その疑問がいつまでも晴れなかったら、正しいと思うことをしろ

いろいろがんばってはみたが提案が受け入れられず、異なる方向に進むと上司が決めたのであれば、それを全力でサポートするのが部下の務めである。逆に、どうにも譲れず、そうすることに良心のとがめを感じるならば、職を辞するしかない。中間はないのだ。やれと言われた

ことをしない、指示と異なることをする、外に不満を漏らすなどすると、組織を支える信頼やチームワークが損なわれてしまう。

大統領首席補佐官でも議員秘書でも、会社役員の側近でも、その判断の結果は上司にも影響を与えてしまう。なにを言うのか、なにをするのか、どう動くのかで、上司に対する評価が上下するのだ。

私はいろいろな仕事をしてきたが、そのすべてにおいて、なにがしか貴重なことを学んだ。こうすればいいんだと学んだこともある。これはしてはいけないのだと学んだこともある。楽しめる仕事ばかりではなかった。まっとうな上司ばかりではなかった。そしてもちろん、組織の判断が必ず賢明であるとか、有益であるとか、公正であるとかいうこともない。

だが、いい仕事習慣は広がっていくものだ。組織の一番下っ端としていい仕事をしていれば、そのうち管理職に取り立てられ、部下に仕事の進め方を教える立場になるだろう。ついには、管理職やトップが誇れる組織を作っていく立場にだってなるかもしれない。真剣にいい仕事をしていれば、自分がトップになる日が来ることもあるはずだ。

CHAPTER 2

RUNNING A MEETING

# 会議

会議とは、ままならないものだ。自分の声に酔っているのか、ただただしゃべり続けるやつ。おべっか一辺倒のやつ。とっくに検討が終わったものを蒸し返すやつ。みんなが真剣に聞いているのに、ひとり、かちゃかちゃかちゃかちゃかちゃ入力の音をたてるやつ。携帯電話をオフにし忘れるやつ。ほかの全員が意見を述べ終わるまで、じっと押し黙ってるやつもいる。誰かがなにかアイデアを出すたび、それはだめ、それは無理と否定するくせに、自分からはアイデアを出さないやつもいる。

下手をすると、単なる無駄骨になりかねない。企業風刺の多い『ディルバート』のマンガに次のような一節があったことを思い出す人もいるだろう。

「議題は特に決まっていません。いつもどおり、いろいろと気になることに関連して、なんとなく思うことをあれこれ語っていただければと思います」

下院議員として一緒に仕事をした友だち、モー・ユーダルも、下院の議事について似たようなことを言っている。「ひとつ残らず語られたが、ひとり残らず語ったわけではない」とある調査によると、事務職は週に4時間を会議に費やし、その半分は時間を無駄にしただけだと考えているそうだ。さもありなんである。オフィスの生産性が低い一番の原因は「会議が多すぎること」だという調査結果もある。誰でも思い当たる節があるだろう。ホワイトハウスで会議中、時計に目を走らせないようにするのが大変だったなんていうのも珍しくない話だ。なにせ、過ぎた時間は取り戻せないのだ。

もちろん、そんな会議ばかりではない。組織の知恵と知識をひとつの部屋に集め、上司が部下から必要なことをさっと学べるようにする、また、関係者全員ひとまとめに指示を出せるようにするのも会議の機能だ。うまく運営できれば、会議も効果的になる。いや、必要欠くべからざるものにもなるのだ。

## 聞き上手は判断上手

――R・バー（セント・ジョンズ・カレッジ）

80年ほど生きてくるあいだに、それはもうさまざまな会議のスタイルを見てきた。役に立つ建設的なものもあればそうでないものもある。相手も経営者、王・王妃、大統領、首相、学者、独裁者とバラエティに富んでいる。上司を独裁者だとか権威主義者だとか見る人も少なくないし、私の部下にもいたことだろう。だが私が会ったのは本物の独裁者だ。そして、彼らには共通点があることに気づいた。会議をうまく操縦し、自分が上だと示す、場合によっては、支配者は自分なのだと相手に刻み込むのだ。

１９８３年にはイラクのサダム・フセイン大統領に会った。何年も、米国政府高官が会うことのなかった相手だ。私を出迎えた大統領は軍装で、腰にはパールグリップのピストルをつっていた。これが印象操作だ。

ロシアのウラジーミル・プーチン大統領は、クレムリンで大きなテーブルの向こうに座っていた。無表情。感情は読み取れない。そして、ぶつぶつとまるで独り言のように話をする。30分。もう30分。質問も対話も許されない。スピーチは1時間半以上も続いた。１００％伝達モード。黙って聞け、である。そうやってしっかり圧をかけてからでなければ、意見交換の類いには応じないというわけだ。

ある意味、その上を行ったのがシリア独裁者、バッシャール・アル＝アサドの父、ハーフェズ・アル＝アサドだ。プーチン大統領と同じように話が長いのだが、その間、とにかくお茶を勧められるのだ。カップが半分も減ると注ぎ足される。そのため退屈に加えて尿意にも耐えなければならない。だらだらと話を続けながら、外交官が椅子でもじもじしている様子を楽しみ、解放されたとたんトイレに走るところを想像して内心にんまりしていたのはまちがいない。

こういう人を相手にするテクニックも存在する。まず気をつけるべきは、狙いを実現できていると思わせないことだ。

集中を切らさないため、私なら、演説をよく聴き、もし質問のチャンスが巡ってきたらなにを尋ねるか、メモを作る。

しっかり聴けば時間は無駄にならない。プーチン大統領やアサド大統領のような人々は持って回った言い回しやごてごて飾った言葉遣いばかりだが、そのなかに大事なポイントが隠れている。言葉の端々や論調の微妙な変化など、突破口になるかもしれないものを示すなにかが。

ブッシュ政権が立ち上がったころプーチン大統領に会い、米国が計画しているミサイル防衛システムは脅威であると、例によってくどくどと聞かされたことがある。だがよくよく耳を傾けてみると、ソ連時代の協定があると弾道ミサイルに対する防御システムの構築を米国もロシアもできないわけで、もちろんロシアとしてはありがたくない話ではあるが、昔の協定を破棄するというならそれはそれでなくはないのだろうという本音が透けて見えるようにも感じた。この変化は、米国として注目に値する。

１９８０年代、隣国レバノンが危機的状況のなか、ハーフェズ・アル＝アサドと持った会談も、従来どおりの雰囲気だった。だが、彼の物腰とあえて触れないあれこれからは、「ダマスカスのスフィンクス」などとも呼ばれる彼は米国と友好的な関係を持ちたいとはこれっぽっちも思っていないことがひしひしと伝わってきた。その逆を期待したり信じたりする米国外交官も一部にはいたが、レバノンの混乱を深め、米軍をはじめとする多国籍軍を駆逐するためならどのような手でも使う気だと私は判断した。その後の彼の行動を見れば、私の判断が正しかったことは明らかである。

すごむのが好きなリーダーへの対応としては、それとなくだがはっきりわかる形でジャブを打ち返すのもいい。アサドとの会談で実際にやった例を紹介しよう。機密扱いでなくなったシリアの衛星写真を手渡したのだ。グーグルマップがまだない１９８０年代、米国の衛星写真は最新鋭の技術であり、ごく限られた先進国にしか提供されていなかった。それを渡すことで、シリアはレバノンの多国籍軍を監視しているかもしれないが、それを言うなら米国もシリアを監視しているからなと伝えたわけだ。

英国のマーガレット・サッチャー首相は、タイプが大きく違う。言葉を無駄に重ねるのも嫌いなら、相手がそうするのも嫌いなのだ。こういうことを言いたいのだろうと推測する必要はない。とにかく率直な物言いで、いっそすがすがしいと言いたくなるほどだ。

ロナルド・レーガン大統領の特使として国連海洋法条約について話し合うため彼女に会った際、私は、米国の主権も、おそらくは何千億ドル分もの利権も、選挙の洗礼を受けない国際機関に持っていかれることになるなど、大きな問題点をいくつも指摘した。ちなみに、なんの冗談か、この国際機関、国際海底機構《International Seabed Authority》は、ジョージ・オーウェルの有名なディストピア小説『１９８４年』に出てくる権力機構が思い出される「オーソリティ（Authority）」という単語が名前に入っている。ともかく、サッチャー首相は、「この条約は、要するに、世界の海の3分の2ほどを国際的に国有化しようというものです」とずばり核心に切り込んできた。さらに、鉱山や電力の民営化を巡る戦いに触れつつ「国有化に対する私の考えはご存じのはずです。私は味方ですとレーガン大統領にお伝えください」と続けた。

レーガン大統領も私も、ここまではっきり反対だと口にしたことはない。会談は25分もかからなかったが、サッチャー首相がどう考え、なにをしたいのかはこれ以上ないくらい明快に伝わってきた。

リンドン・ジョンソン大統領の会議は、魅力と洞察力、腹黒さ、南部魂、強烈な威嚇が混然一体となったもので、ワシントンDCで「ジョンソン式」などと呼ばれた。私は、１９６０年代、当選回数の少ない若手下院議員として何回かお目にかかったことしかない。それだけでも、あこのでかいテキサス人は聞きたいことしか聞かず、聞きたくないことは力で圧倒する人なのだなと感じた。

ベトナムの状況について、現地を視察したヒューバート・ハンフリー副大統領の報告会がホワイトハウスで行われ、我々議員も参加したことがある。そのときも、ジョンソン大統領はなにかというと立ち上がり、それはこうだろう、それは違うだろうと口をはさみ続けた。噴火をくり返す火山かなにかという感じだ。政権幹部は大半がケネディ政権から留任の有能な方ばかりなわけで、もう少し敬意を払っても罰は当たらないだろうと思ってしまった。それでも、みな、あれほど長く職にとどまったことは驚くばかりである。

ニクソン大統領は会議嫌いだったが、使い方はうまかった。彼の性格から来るのだと思うが、あまりよく知らない人など大勢を前に考えを述べることはしたがらない人で、大きな会議は形だけでなんとなく気詰まりだったりした。対して、信頼する側近だけの小さな会議では、胸襟を開いて積極的に意見を交換する。そういうとき、ニクソン大統領は部屋の中を歩き回りながらいろいろな人に意見を求め、じっと耳を傾けてからコメントする。種々雑多な見解があるのをよしとし、政権に参加してもらっている各界の実力者から出てくる相反する意見をそれぞれに検討していくタイプだったのだ。

ジョージ・W・ブッシュ大統領は、優れたリーダーの条件として挙げられることが少ない特質の持ち主だった。とにかくじっくり話を聞くのだ。だから会議は有用だ。微妙な点をとらえ、核心に切り込む質問をする。じっくり聞いてもらえるとわかっているので、みな、どういう情報を提示するのか、特に気を遣っていた。準備万端整えて会議に臨もうと、みな、思うのだ。

**誰からでもなにか学べるものだ。それこそ5歳の子どもからでも国のトップからでも。**

――ロバート・ゴールドウィン博士

ブッシュ大統領本人は快活で親しみやすいが、こと会議についてはしっかりとした規律を求める人だった。まず、時間に厳しいのだ。ある意味、そこまでしなくてもと思うほどに。時間を無駄にせず、担当者に意見を求めては次の議題とテキパキとこなしていく。携帯電話やブラックベリーに会議をじゃまされるのは大嫌い。なんどもやらかすと、ぎりっとにらまれることになる。

もちろん、会議というのは国の運命を決めるものばかりではないわけだが、なにかを決めたり、決めたことを発表したりするために人が集まるとき、必ず使えるヒントはあると思う。みな、それぞれ自分のやり方があるだろう。私にもある。いろいろな人のやり方を参考に、自分なりの方法を編み出したわけだ。では、会議を開くにあたり、なるべくこうしたいと思っていることを紹介しよう。

## 最初に考えるべきは、本当に開くべき会議か否かだ

政府などの役所は特にその傾向が強いのだが、役人は討議さえすればよくて、意思決定までせずにすませてしまうことが多い。会議も開いただけで満足したりするのだ。そういう会議は、参加者に不満が残りがちだ。

組織の長として会議を招集する場合、伝えることがなにかあるか、あるいは、会議という形でなければ学べないなにかを学びたいかでなければならない。要するに目的が必要なのだ。議

題はあらかじめ参加者に知らせておいたほうがいい。会議を始めるときには、まず、予定された時間でこれだけのことを検討したいのだと議題を確認しよう。

目的が単純な情報伝達で、やりとりする必要があまりないのであれば、たいがいはメモや電子メールでいいはずだ。ニクソン大統領などは、声が大きい人に議論をねじ曲げられたくないからと、大事な提案は書類で出せと言われていた。

スケジュールの奴隷にならないのも大事だ。予定表に会議とあったら必ず出なければならないわけではない。フォーチュン500の医薬品企業G・D・サール（現ファイザー傘下）のCEOをしていたとき、説明資料が会議の直前に届いたことがある。とりあえず会議に出て、よくわからないなりに話を聞くことももちろん可能だ。だが、そんなことにどれほどの意味があるのか。そう思ったので会議はキャンセルし、関係者が準備をして参加できるタイミングにリスケジュールした。

議論があっちにふらふら、こっちにふらふらするのも避けなければならない。そういう意味では、全員立ったままで会議をすると効果的だったりする。ちなみに私はスタンディングデスクで執務する。そういうものがあると知ったのは海軍時代だ。そして、政権に初めて参加した1969年に自分のスタンディングデスクを手に入れ、以来、ずっとそれを使っている。最近は健康にいいなどと言われているが、立って仕事をすることには、来訪者が必要なことだけに絞ってくれて話が長くなりづらいというメリットもある。もちろん来訪者にはリラックスして

立って仕事をすることには、来訪者が必要なことだけに絞ってくれて
話が長くなりづらいというメリットがある。

欲しいのだが、リラックスされすぎるのは避けたいわけだ。

## 最終段階で関係者となる人には最初からいてもらったほうがいい

誰を呼ぶのかはよく考えよう。大講堂でも借りないと手狭なのではないかと思うほど人数を増やさないこと。二度目の国防長官時代、ホワイトハウスのシチュエーションルームに行くとゆうに二桁の人数がぎっしりということがよくあった。いなければならない人だけだったとはとても思えない。記録係がひとりいれば十分とされた時代もあったのに。機密を扱う幹部会議に付き人がハリウッドかと思うほどぞろぞろ付いてきたら、情報がリークして大変なことになりかねない。

安全保障の観点から参加者をぎりぎりまで絞り込まなければならないこともある。１９８３年、レーガン政権を代表してイラクを訪問した際、エスコート役の武装兵士に部下から引き離されてびっくりしたことがある。薄暗い廊下を通り、壁がホワイトレザーの部屋に案内されると、そこには、サダム・フセインの副首相兼外務大臣、タリク・アジズがひとり待っていた。大人数の会合や特に外交の会談は、歌舞伎が即興に思えるほど形式的でがちがちのことが多い。そんな会談をしてもしかたない、イラクは米国に敵意があることを隠そうともしていないわけで、そんな国になぜ来たのか、腹を割って話がしたい――そうアジズ副首相は思ったわけだ。いい判断だ。我々はふたりきりで意見を交換し、有益な時間をすごすことができた。

**かたくなな反対は、「聞いてないぞ」とへそを曲げているだけのことが多い。**

――パット・モイニハン

誰を呼び、誰を呼ばないかはバランスの問題でもある。検討に貢献してほしい人は呼ぶだろう。だが、そういう貢献はあまり期待できなくても、なぜどのように決定にいたったのかを聞いておいてもらったほうがいい人もいる。たとえばペンタゴン時代、私は、内容によっては広報担当と議会担当にも来てもらっていた。そうしたほうが、会議の結果を正しく外部に伝えられると思ったからだ。

幅広い人に参加してもらったほうがさまざまな方向から検討できるし、情報や視点の食い違いをみつけやすい。大規模になるほど実のある討議を率直に行うのは難しくなりがちだが、自分が思った結果にならなくても参加者が我が事としてとらえやすいというメリットもある。

なお、この人も呼ぶ必要があるのかと思ってしまう場合、その相手との関係になにか問題がある可能性が高い。それはそれでしっかり考えるべきことである。

## 待たせるとあら探しをされるものだ

——フランスの格言

規模や目的がどうであれ、会議は予定どおりに始めて予定どおりに終えること。優れた組織ならそうするものだし、ほかの人に対する礼儀でもある。教練軍曹など「5分前が定刻。時間どおりは遅刻だ。遅刻には説明が求められるぞ」とよく言うくらいだ。

基本的な礼儀として当然にすべきことなわけだが、同時に効率的でもある。始まりが15分遅れたとしよう。参加者が20人なら、有効活用できたはずの時間、5時間が無駄になったことになる。

前述のように、ジョージ・W・ブッシュ大統領はとにかく時間に正確な人だった。対してフォード大統領は、就任後しばらく、ヘンリー・キッシンジャー国務長官の遅刻を大目に見ていた。遅刻はわざとではない。国務長官は激務で、国の重要事項を山ほど抱えている。だがそれを言うなら大統領も同じだ。

フォード大統領は他人に迷惑をかけることを嫌う人だった。だから国務長官がくり返し遅刻してもあまり気にしなかったらしい。だが会議が遅れるのは、ほかの出席者全員にとって迷惑だ。また、ニクソン政権から留任した重鎮でもあり、キッシンジャーは大統領と同じくらい重要な人物だという印象を与えかねないのも問題だ。そんなことになればフォード大統領が困ってしまう。だから、そうキッシンジャーに申し上げた。幸いなことに納得してくださり、遅刻はなくなった。

## いらつく意見であっても述べる機会を与える

あまり好きでない言葉に「身の程をわきまえろ」がある。これは、他人にあれこれ言われたくない人がよく使う言葉だ。改善の余地がない人などまずいないし、分厚い壁でサイロ化すると、組織の知識や頭脳を活用できなくなってしまう。目の前の課題に関係があり、建設的であるかぎり自由にコメントしていいという雰囲気を醸す努力をしなければならない。時間さえあれば、部門トップ、実務部隊の管理職、担当者を集め、自分の職務にかぎらず組織全体のあれこれについて自由に意見を述べさせる機会を作るのもいい。

四半世紀ほどを経営者としてすごした後、二度目の国防長官就任でペンタゴンに戻った2001年、私は、他軍のことについて会議で四つ星大将がめったなことでは口を開かなくなっているのに気づいた。各軍とも、他軍との連携なしに任務を達成するのは難しいというのに、だ。他軍との連携をペンタゴンでは「統合」と言い習わしている。大事なのだが、とらえどころがないのもまた事実である。平時にせよ戦時にせよ、ある軍がなにをすれば（あるいはなにをしなければ）他軍の任務遂行に影響するのかなど、そうそうわかるものではない。結局、沈黙は金《きん》なりということになって、会議に意味がなくなってしまったわけだ。会議でやりとりがほとんどないのでは、国防省が必要とする新しい考えなど生まれるはずがない。

他軍のことに口をはさむと他軍から口をはさまれることになる、それは避けたいという思いがあるのだろうと私は考えた。だからこの会議はなくし、形式を変えることにした。国防長官が「ザ・タンク」と呼ばれる会議室へ行き、4軍の長と統合参謀本部の議長・副議長に会うのが通例だったが、そのメンバーに加え、国防副長官や国防次官など文官幹部、さらには、たまたまでもワシントンにいる四つ星大将も含めた定例会議とする。国防省全体にとって重要な課題について幅広く検討する会議であり、全員の前で意見を表明することを求める。名前はシニアレベル・レビュー・グループ、略称ＳＬＲＧである（「スラーグ」という発音はどうかと思う）。議題はよく考えて決め、出席者には直接担当しない分野について尋ねたり、それこそ、答えにく

意見が違うからといって、会議から外したり話し合うチャンスを奪ったりしてはならない。

いであろう部分について尋ねる。そうすると、ふつうならまず起きない議論が始まったりするのだ。自軍や自分の専門に閉じこもらず、米軍全体について考えなければならないので、「統合」にもプラスになったと思う。

## アイデアに対する意見は広く募るべし。視点の異なる意見からは多くが学べる。

会議では、いつも、一人ひとりを観察することにしている。反応を見るのだ。すると、口と同じくらい、場合によってはそれ以上のことがわかる。また、あまりしゃべらないタイプの人に対しては、きみの意見が聞きたいのだとあらかじめ伝えておく。担当範囲はもちろん、国防省全体にとって大事な問題についてもどう思うのか、自由に語って欲しいからだ。その結果、風通しがよくなり、当時は米国にとって特に難しい時期だったわけだが、その中で全軍の連携を推進できたと思う。

## 話をするのは理解されるためであること

官僚の世界にはいわゆるお役所言葉がつきものだ。そういう言葉は、なにも考えていないことを隠したいから、あるいはその言い訳として生まれるのだと私は思っている。ペンタゴンでも、説明がお役所言葉ばかりでなにが言いたいのかわからず、英語が第二言語なのだろうかと思ってしまったことさえある。仲間内ばかりで外とのコミュニケーションが少ない大組織にありがちな問題だ。

話をするのは理解されるためであることなのは、言うまでもないだろう。会議では、専門用語や略語をなるべく使わず、明快に意見や考えを述べるべきだ。そうすれば誤解されるおそれが減る。さらに言えば、専門用語や仲間内の言葉を使わず明快に書き、しゃべる人はたいがい思考も明快であり、意思決定や政策策定において貴重な戦力となる人だ。

**愚かであることや、愚かさに鈍感であることは必ず露呈する**

——トーマス・ジェファーソン

だらだらとしゃべり続ける人や話がやぶに迷い込む人、どうでもいい細かな点ばかりほじくり返す人、議論に関係のない脇道に入ってしまう人がいたら、必要に応じて（いや、必要だから）それとなくさえぎって話をやめさせること。今日の議題はこれだと話を引き戻す必要もあるかもしれない。

私は辛辣《しんらつ》だと言われることが多い。正直なところ、議題と関係ない話をするやつやまっとうに準備をしてこないやつにはがまんがならないのだ。ペンタゴン時代にも一度か二度、時間の無駄だといらつきをあらわにしてしまったことがあると思う。パワーポイントでわかりきった話を聞かされるといらつく。スライドの文章がおかしいのも許せない。ページ番号が振られていないのもだめだ。

**不運なのか無能なのかは区別できないが、私は両方とも嫌いだ。**

——カーチス・ルメイ空軍大将

私は、会議を中断し、準備が整ってからやり直すぞと宣言することがある。たいがい、参加者全員がびっくりする。時間の無駄だとわかったからといって会議を中断しないリーダーもいることは知っている。会議そのものがゆっくりと死ぬのを待つのだ。だが戦争になっていて、誰もが1日12時間以上、週に6日も7日も働いているとき、それらしいことを言っているだけで意味のない会議に座っている余裕などあるはずがない。だから、解散して時間を有意義に使ってくれと言うのだ。

## 新しいアイデアは、価値があろうがなかろうが、最初は否定されがちだ

会議で新しいアイデアが出ると、条件反射のように反対が出てくる。はっきり表明されない場合も、その機会をうかがって反対論がくすぶっているのはまちがいない。

新しいアイデアというものは危険なのだ。実績のないことを支持すれば、それと一蓮托生《いちれんたくしょう》になってしまうおそれがある。だから、賛成だと言うかのようににっこりうなずくにとどめておき、そのアイデアが採用されていろいろと問題が出てくると、組織内や知り合いの記者に対し、自分は最初から反対だったんだと言ったりする。そういう人はどの組織にもいるし、幹部クラスでもいたりする。新しいアイデアはまさかと思うようなものだったりするし、ろくでもないかもしれないものに時間を使いたくないと思うリーダーがいるのもわかる。私自身、そんなの現実的じゃないとか関係ないとか思ってしまい、ぶっきらぼうな対応をしてしまったことがある。

なお、いくらばかばかしく思えても、会議でそう言ってしまうのはたぶんよくないことだ。

そういうことは陰でそっと伝えるべきだろう。伝える目的は恥をかかせることではなく、改善してもらうことなのだから。優れたリーダーなら新しいアイデアが出てきて欲しいと思うものであり、であれば、歓迎するからどんどん出せという雰囲気を作らなければならない。

## 気に入らない人の提案だからと判断を誤ってはならない

賛成しかねるかなと思うアイデアが出てきたときどうするか、長年の経験から私はこうしているという方法を紹介しよう。まず、とりあえず最後まで聞き、コメントせずに次の話題に切り替えてしまう。そして、タイミングを見計らい、その件について誰でも思い浮かぶような疑問を投げかける。こうすれば真っ向から反対している感じになりにくい。なおその際、提案している人物ではなく、提案そのものの内容を否定するように注意すること。

ロナルド・レーガン大統領は、意見の相違が尊厳の衝突にならないようにする達人だった。賛成できない話が出てくると冗談を言うか、ジェリービーンズの瓶に手を伸ばしてとりとめもない話をして話題を変えてしまうのだ。この方法なら相手もみんなと一緒ににっこり笑い、「レーガン大統領はいい人だな」と思う。待ったをかけられたとはみじんも思わないのだ。

ほかの人が挙げた根拠や主張に疑問を呈しなければならないこともある。そういうときは、そのスライドについていろいろと質問を投げかけるなどしてみるといい。そうこうしているうちに自分の考えも固まってくるし、自分の考えが変わることもあり得る。相手の考えが深化し、いい結果に結びつくこともある。なお、その際、相手そのものを攻撃しないこと。階級がはっきりしている組織では特に注意が必要だ。建設的な会議とするためには、上司や部下が気を悪くするのではないかと心配せず、階級と関係なく意見を自由に言えるようにしなければならない。

実際は必ずしもそうならないのが問題だ。ペンタゴン時代にもそういうことがあった。プレゼンテーションで私から荒い扱いを受けたと匿名の武官が届け出たとの報告書を何度か読んだことがある。戦いで兵士を指揮する立場にある大佐以上の役職についていながらそこまで神経質で傷つきやすいのかと、正直なところ、驚いてしまった。もしかすると、部下から敬意を払われるのが当たり前になってしまい、説明を求められたり意見を戦わせなければならなかったりすると不愉快になるのかもしれない。ともかく、パワーポイントに書いていない話をしたり自分で考えたり、いろいろな問いに答えたりが難しい人がいるのだ。

## 満場一致は臆病風か無批判の証《あかし》かもしれない

――マリオン・J・レビー・ジュニア

巨大な官僚組織は、自分たちのためにしかならない独特の文化を創り上げて身内で支え合い、組織の常識なるものにとらわれてしまうことがある。会議を開くと、そういう集団的浅慮にとらわれているかいないかがわかる。あるアイデアについて出席者全員がすばらしいと絶賛するなら、異論や討論がもっと出ないとまずいのかもしれない。

民間にいたころ、私は、熱心な取締役だと言われていた（ものは言いようである）。経営状態をできるかぎりよくするのが、株主に対する責任だと思っていたからだ。ＣＥＯ以下の経営陣がすべて完璧にこなしていて突っ込むべきこともなければ問うべきこともなく、チェックすべきこともないのであれば、取締役会を置く必要などないだろう。

**全員が賛同するなら、それはまちがいだ。**

——モー・ユーダル下院議員（アリゾナ州選出、民主党）

だから私は問いを投げる。場合によっては次から次へと。取締役会が開かれていないときも、会社がしていることややろうとしていることについて、提案を書いたメモを回覧したりした。自分が会社を経営するなら、そういう取締役が欲しいと思うからだ。実際、妻のジョイスに「すばらしい取締役だ」と言ってくれたＣＥＯもいる。もっとも、「ふたりはいらないけどね」と続いたらしいが。

## 会議の最後は「忘れていることはないか」で締める

会議の終わりには、必ず、主なポイントと宿題を整理し、誰になにをして欲しいのか、全員に周知すべきだ。自分なり誰かなりが具体的になにかをしなければならない場合も、それを全員に周知する必要がある。

「ほかになにかあるかな」とか「忘れていることはないかな」などと確認するのも役に立つ。誰か、チャンスがなくて大事なことを言えずにいたなんていうのはよくあることだ。また、この問いは、会議はそろそろおしまいだと示すものでもある。

さて、本当に終わったとき、この会議は有益だった、次はいつだろうとみんなが楽しみにするようなら最高だ。そんなことにはめったにならないだろうが。

CHAPTER

# 3 人材の登用

PICKING PEOPLE

大統領在任期間が悲劇で短く終わってしまったジョン・F・ケネディ。彼は生前、自分にもしものことがあったときの後任候補は3人かなと友人に漏らしていたそうだ。伝記作家ロバート・A・カロによると、その3人とは国防長官のロバート・マクナマラ、財務長官のダグラス・ディロン、実弟のボビー・ケネディとのことだ[1]。不思議なことに、副大統領で、1963年11月にはケネディの後任として大統領になるリンドン・ベインズ・ジョンソンの名前はない。

リンドン・ジョンソンはがたいのいいテキサス人でがさつなところがあり、ハーバード出身の上流階級で固められたジョン・F・ケネディ政権では浮いた存在だった。また、議員としては優秀で上院院内総務として実績もあげていたが、行政の手腕はいまいちだった。

数年後の1968年にも似た事例を目にした。リチャード・ニクソンに声をかけられ、フロリダ州マイアミビーチにあるホテルのスイートで夜遅くに開かれた会合に出たときのことだ。ニクソンは、この日、共和党全国大会で大統領候補に選出されたところで、副大統領候補を誰にするかが議題だった。そうそうたるメンバーだった。ビリー・グラハム牧師もいれば、元ニューヨーク州知事のトーマス・デューイなど共和党の重鎮、バリー・ゴールドウォーター上院議員、ストロム・サーモンド上院議員、何人もの現職知事、そしてニクソンの側近という具合だ。節目を越えたニクソンはコーヒーテーブルに足を載せ、副大統領は誰にすべきかと尋ねた。たくさんの名前が挙がった。ニューヨーク州知事のネルソン・ロックフェラー、カリフォルニア州知事のロナルド・レーガン、ミシガン州選出の下院議員ジェラルド・フォードなどど。だがニクソンは興味を示さない。最初から目を付けていた人物がいるのだ。メリーランド州知事のスピロ・T・アグニューだ。新人州知事で有名とは言いがたい。あのとき集まった人から彼の名前は出てこなかったと思う。いや、そういう意味では、副大統領候補に彼の名前を挙げる人は世の中にいなかったと思う。ニクソンとしては、報道界を、そして世の中を「びっくりさせたい」と思ったのだろう。国のトップとして責務が果たせるのかという検討はされなかったと記憶している。のちにアグニュー副大統領は収賄と脱税の疑いで辞任に追いこまれるわけだが、在任中も、私が知るかぎり、リーダーシップらしいリーダーシップを示すことはなかった。少なくとも合法的な部分では。

**なにをするにもまず人材だ。**
**優れた人材がいなければ、どれほどすばらしい考えも無駄になる。**

——エドウィン・フォイルナー博士

ジョンソン副大統領もアグニュー副大統領も本来的な理由から選ばれたわけではない。理由は選挙を有利に進めるためであって、後任になり得るからではないのだ。その結果、アグニューより前にニクソンが辞任などという事態になっていれば、大統領執務室に罪人が座ることもあり得たわけだ。大統領になれる器を副大統領候補に選ぶのは、ある意味、ごくふつうのことだろう。だが現実には、民主党も共和党も、大惨事としか言いようのない人を選んでしまうことが少なくない。人口が3億人もいる国なのだから、選挙にも有利で優れた大統領にもなり得る人がひとりやふたりいてもおかしくないはずなのだが。ほんと、勘弁して欲しいところだ。

なお、似たようなまちがいは大統領選挙以外でも起きている。企業や組織でも、器でない人が幹部や後継者に選ばれてしまうケースは枚挙にいとまがない。そんな選び方をするリーダーは、リーダーシップのなんたるかを忘れてしまったのだろう。コーチが出場メンバーの選定を本筋と違う理由でしたりどこぞの誰かに任せたりしたら、負けチームしかできないのが当たり前だ。

## 自分の周りに誰を集めるかで組織の成否が決まる

リーダーシップや経営管理の秘訣は、適切な人材の登用だ。「なにをするにもまず人材」なのだ。人材なくしてリーダーシップはあり得ない。誤解を恐れずに言えば、トップにとって、手足となって働いてくれる人をみずから選ぶ以上に大事なことなどないのだ。

リーダーの仕事は人探しだ。自分の戦略的な目標を理解し、受け入れてくれる人を探す。どういう目標にすべきか、考えるのを助けてくれる人を探す。それぞれのレベルで目標を現実にしてくれる人を探す。そして、いい結果を生むためなら上司にさえ挑む人を探す。実際にはどうするのか、ヒントになりそうな法則を紹介しよう。

### 痛みを避けるな

昔、経済機会局という政府機関があった。リンドン・ジョンソン大統領が貧困撲滅対策の一環として１９６０年代に創設したものだ。１９６９年、私はその局長となり、数千人の職員と大きな予算を預かる身となった。当時、経済機会局は、大きくなりすぎた、屋上屋だと批判が集中していた。予算は何億ドルもあるのに成果はそこそこにすぎないし、説明責任も果たせていないに等しい。だから、私をはじめ、多くの共和党議員は反対票を投じていた。

国の力で貧困をなくすのは不可能だが、適切な人材を登用すれば軌道を修正し、効率を高められるはずだと私は考えた。成果のあがらないプログラムは廃止するとともに、効果的なものは強化し、適切な政府機関へ移管するのだ。

外部の人間がトップに就任する場合、前任時代の幹部をそのまま登用するのか、新たにチームを編成するのかを決めなければならないことが多い。私は経済機会局について徹底的に勉強し、鍵となるのは8人の地域統括だと考えた。実際になにをどうするのかを決めているのは彼らであり、それは取りも直さず、国民や議会から経済機会局がどう見られるのかを左右しているのも彼らということになるからだ。

どうすべきか。難しい問題だ。地域統括全員を集めて話をした。

「みなさんご存じのように、先日、大統領選挙がありました。みなさんは、ジョンソン大統領が望んだ施策を進めておられるし、そういう意味ではいい仕事をしてこられました。ジョンソン氏は選挙で選ばれた大統領であり、その望みを実現するのがみなさんの仕事ですから。ですが、先日の選挙で選ばれたのはニクソン大統領です。選挙戦をご覧になっておわかりのはずですが、経済機会局についてニクソン大統領は独自の考えを持っておられます。路線を変えたいと考えておられるのです」

続けて、今後の計画を説明する。そして、地域統括の留任はあり得ないと悟った。誰ひとり、急激な軌道修正についてこられるとは思えなかったのだ。

きみたちはもう不要だと新任ボスに言われたくないだろうが、実際にそうなのであればしかたがない。地域統括も、全員、基本的にわかってくれたようだ。ちなみに、うちふたりは他部署に異動してもらった。そして、新大統領のビジョンに賛同してくれる人材を地域統括に登用。

経済機会局はただただプログラムを管理する官僚組織になっていて、共和党、民主党を問わず州や地方の議員から批判を集めていたわけだが、私が局長を務めた1年半で様変わりし、経済的なチャンスを増やす実験的なプログラムや革新的なプログラムを試す研究室のような存在になった。

1974年、ニクソン大統領の辞任で昇格したジェラルド・フォードのやり方は大きく違う。ニクソン時代の幹部やホワイトハウススタッフ、全員を留任とした。変化より継続を選んだわけだ。これは失敗だったし、彼にもそう伝えた。このときはチームを刷新し、これからは自分のやり方に従ってもらうと示すべきだった。なのに、誠実に仕事をしてきた人々をクビにするのが忍びなくてできなかったのだろう。多少の入れ替えはのちにしているが、これは、その個人に不満があったと受け取られる結果となってしまった。新大統領として自分のチームを作ると宣言していれば、そんなことにはならなかったはずだ。

きちんとマネージメントしようとすれば痛みが避けられないこともある。「鶏小屋全体の注意を引こうとすれば羽の1本や2本、逆立てるやつが出るものだ」——元テキサス州知事ジョョン・コナリーの名言である。私もそう思う。だから、外部から組織のトップに就任したら、なるべく早く自分のチームを作るべきだ。必ずしも楽しい作業でないことはわかった上で。異動もなるべく早くにすませてしまう。こういうことは早くにすませたほうがいいのだ。トップにとってもそのほうがいいし、職を去るほうは去るほうで、仕事ぶりが認められなかったからではないことはわかる。一方、残るほうも新チームに選ばれたと思えば元気が出るというものだろう。

## 事業も製品も活動も人も刈り込もう 年に1回はそうしよう

習慣は人のさがだ。いままでそうしてきたからと同じことをくり返してしまう。自動運転は避けよう。人事は特にそうだ。

２００１年、二度目の国防長官に就任してペンタゴンに戻ると、執務室の前に制服姿で立つ若者がいた。歩哨だ。武器を手に私の執務室を守るのが任務である。勘弁してくれよと思ってしまった。世界でも一、二を争うほどしっかり守られた建物の中で執務室を守ってどうする、やることならほかにいくらでもあるだろう、と。ペンタゴンにいる国防長官の身に危険が及ぶようなら、国全体が大変なことになっているはずだ。だから、警備はいらないからほかの仕事をさせてやってくれと指示した。

大きな官僚機構は、欠員が出そうになったらなにも考えず補充しようとしがちだ。でも、職員が増えれば増えるほどコストもかさむし、トップと職員の距離も国民との距離も広がってしまう。欠員が出たらいったん立ち止まり、深呼吸して本当に補充しなければならない欠員なのかを考えよう。おりおり刈り込むのが分別ある管理職だと言ってもいい。

なにも考えず補充してはいけない。たとえば勤続50年のベテランが辞める。しばらく様子を見るのだ。その人がしていた仕事はほかの誰かにもできるものかもしれないし、そもそも、する必要がもうないものだったのかもしれない。

## Aクラスは Aクラスを集める<br>Bクラスは Cクラスを集める

部下にどういう人を連れてくるかで、管理職やリーダーの程度はかなりのところまでわかる。パターンのようなものがあるのだ。Aクラスの優秀なリーダーのところには、やはり優秀なAクラスの部下が集まり、すばらしい職場が生まれる。対してBクラスの人が連れてくるのはCクラスか、Dクラスがせいぜいだったりする。Bクラスは自分より優秀かもしれない人が怖いからだ。だから、地位をおびやかされる心配のない人ばかりを集める。「金の動きを追え」と昔から言われるが、人事については、Aクラスの動きを追えとでも言えばいいだろうか。集まったチームをよく観察すれば、どの管理職がAクラスでどの管理職がBクラスなのか、わかるものだ。

欠員をAクラスで補充するのは難しい。簡単にはみつからないからだ。自分から探しに行かなければいけない。完璧な履歴書が届くのを待ったのでは出遅れてしまう。先を見越し、大事なポジションに欠員が出る前に候補をみつくろっておくのが優れたリーダーというものだ。まずは組織内で探す。内部昇格があると、たたき上げでも認められ、重用されるのだと職員にも思ってもらえるし、将来入ってくる人にも思ってもらえるはずだ。ただし、この人ならという候補者が何人も内部でみつかった場合も、外部の人材はチェックしておくべきだ。そうすれば、少なくとも、外部に目を向ければどういう人材が手に入るのかがわかるし、そういう人に来てもらうにはどのくらいの報酬を用意しなければならないのかもわかる。

CFO（最高財務責任者）を探すとしよう。ちゃんと情報収集をしていて、業界で一番の人材はアクメ社のサリー・スミスだとわかっている。私なら、とりあえずサリー・スミスに連絡を取り、いまの仕事をどう思っているのかなどをそれとなく探ってみる。満足していて転職する気はないかもしれない。それでいいのだ。聞いて損はない。それに、そういう人ならほかに優秀な人材を知っているはずだし、彼女が指導した人や注目している人もいるかもしれない。こうして評判のいいCFOに話を聞いていけば、みんなが名前を挙げる人がひとりやふたり、いるはずだ。そういう人とは会って話をしよう。いよいよ勝負どころだ。

## 暗号のような履歴書にしないこと

私は履歴書をたくさん読んできた。そんな私から注意すべき点をいくつか示したい。キャリアカウンセラーはまず教えてくれないことだ。

ひな形は捨てること。まず、そもそもなにをしようとしているのかをよく考えてみよう。文学者サミュエル・ジョンソンも言うように、「労せず書けば喜せず読まれる」のだから。

履歴書の目的も考えよう。ふつうは「職を得る」と考えるだろうが、実はそうではない。次のステップに進むことだ。たくさんの履歴書の中から自分の履歴書に着目し、こいつとは実際に会って話をしてみようと採用担当に思ってもらうのが目的だ。

履歴書や応募書類の言葉は100％正確でなければならないのだが、キャリアカウンセラーや転職相談員、場合によっては親など、悪気はないのだろうが、その重要性がわかっていないことがある。先日、すごい経歴の人から履歴書をもらった。米軍で勲章をもらうなど、すばらしい働きをしたらしいのだが、これを「実施」した、あれを「創設」したと、統合参謀本部議長だったのかと言いたくなる書き方なのだ。こういう履歴書は、読み慣れた人なら見た瞬間に失笑するだろうし、これはないなと思うはずだ。

29歳で下院に立候補したとき、新聞社に推薦して欲しくてシカゴ・サンタイムズ紙の編集者に会いに行ったことがある。いろいろなことを聞かれた。私はどういう人間なのか。それまでに会ったのは誰か。支持してくれると言ったのは誰か。支持しないと言ったのは誰か。どういう戦略で選挙に臨んでいるのか。強みはなにか。弱点はなにか。次から次へと飛んでくる質問に、すぐ詳しく答えなければならない。すべて答えて私が辞すると、その編集者は、私が答えた内容が正しいかどうか、ぜんぶチェックしたという。

同じ選挙の資金集めパーティで、シカゴ実業界の実力者、アーサー・C・ニールセン・ジュニアが私を紹介してくれたことがある。そのとき彼は、海軍で戦闘機乗りだったと私のことを語った。たしかに私は海軍で飛行士をしていたが、戦闘機乗りではなかった。というわけで、演壇に上がりながら私は迷っていた。たいした違いでもないのに、それを訂正すれば、友だちでもあり支持者でもある彼に恥をかかせることになるかもしれない。でも、私の経歴を支持者に誤解して欲しくない。結局、覚悟を決め、戦闘機乗りだったらよかったのだが実は飛行教官だったと、にっこり訂正することにした。そういうまちがいを放置すれば、政治家でもほかの職業でも、キャリアに傷が付いてしまうかもしれない。

履歴書の書き方に話を戻そう。私は、その人物の経歴が一目で見渡せる書き方がいいと思う。ページ数が多いのはかまわないが、1ページ目が大事なのだ。あと、改訂した日付も確認する。履歴書を正しく、最新に保つ努力をしているかどうかがわかるからだ。

見た瞬間に捨てられたくなかったら、業界用語や略語は使わないこと。ちなみに、国防省の職員は頭文字を並べた略語が大好きだ。彼らの履歴書には、ＪＣＳにＰＡ＆Ｅ／ＡＴＬ、ＣＦＬＣＣ、Ｐ－ＤＡＳＤ、ＤＡＲＰＡ、ＪＩＥＤＤＯ、ＢＮＯＮＡと、同じ人生を歩んできた人でもなければわかるはずのない単語が並んでいることが多い。私は20世紀と21世紀の二度、国防長官を経験しているのに、いまだに全部はわからないほどたくさんあるのだ。

採用候補の能力は、実際に会って話をすればだいたいわかる。いろいろと質問し、それにどう答えるのか。逆にどういう質問をされるのか。面接は候補者がどういう人物か見極めるチャンスだ。さまざまな面からチェックし、この人と毎日8時間から10時間、当分のあいだ一緒に仕事をしたいと思うかどうかを確かめる。とても優秀で書くことが多く、履歴書が何枚にもなってしまう人でも、組織によってはなじめないかもしれない。相性が悪い場合、早い段階でわかったほうが雇う側にとっても雇われる側にとってもいい。

ディック・チェイニーは、私の採用面接をジョークのネタによく使う。１９６８年、下院議員4期目のとき、大学院生の彼が米連邦議会のインターンに応募してきたので面接をしたのだ。彼は細かく覚えているというが、私はあまりよく覚えていない。ただ、「人生最悪の面接だった」というのはそうだったのかもしれないと思う。あのとき私が求めていたのは法律に詳しい人なのに、彼はまだ学生にすぎなかった。私の希望とはズレがあったわけで、たぶん、いつもの調子でそう伝えたのだろう。でもその少し後、議員を辞職してニクソン政権に参加することになったときにはまっさきに連絡して一緒に仕事をしてくれと頼み、それからずっと親交が続いたわけだ。

面接で私は、まず、履歴書に書かれていることについて尋ねる。だいたいそういうものだろう。ほかの人と違う点、その人らしい点を探す。履歴書に書かれていないことも尋ねる。仕事をしていないときにはなにをしたいと思うか。どういう本を読むのか。家族についても尋ねる。このあたりを確認すれば、組織になじめそうかどうかだいたいわかるし、履歴書に書かれていないこともいろいろとわかるからだ。仕事以外の興味関心は注目のポイントだ。趣味に打ちこんでいるとか外国語が堪能だとか、仕事以外になにかしている人が好みなのだ。

除隊して最初に受けた採用面接の相手は、デビッド・デニソン下院議員だった。私と同じく彼もレスリングの選手だったとか、私と同じく海軍の飛行士でしかも飛行教官をしていた人が兄弟にいるとか、共通点が多かったので助かった。採用する側も人間なのでそれぞれに好みもあるし、それこそ偏見だってあるはずだ。私はイーグルスカウトになるほどボーイスカウトに打ちこんだ人とか、軍経験のある人、スポーツや読書の好きな人に甘くなる傾向がある。特に気になるのは軍経験だ。みずから志願したということだし、民間に就職した同年代より早い時期に大きな責任を負って仕事をした経験がある可能性が高いしと、その人物についていろいろとわかることがあるからだ。

ポジティブで熱中することがある人も好きだ。かわいがっていたネコが死んでしまった、みたいな雰囲気の人が面接に来ることがある。部屋を沈んだ空気にする人と毎日毎日顔をつきあわせて仕事をしたいと思う人はいないだろう。だから、面接に行くときには、頭のなかで「笑顔だ！　元気を出せ！　顔を上げろ！」と唱えることをお勧めしたい。

ずいぶん前のことなのだが、夕食時、家族のひとりがちょっと沈んでいると娘のマーシーが気にしたことがある。特になにかあったわけではない。実際、なんだったのか覚えていないくらいだ。だが、みんながなんとなく暗くなっているとマーシーは感じたらしい。そして当時7歳の彼女はこう言ったのだ。「ひとりでも暗いと幸せな日にならない」と。親ばかなのかもしれないが、彼女の言葉は深いことが多いと思う。ひとり様子が違うだけでほかの全員が影響を受けるのだ。能力が同じくらいの人がふたりいて、片方がユーモアのセンスもあれば元気で楽観的なら、私はそちらを採用する。それがふつうだろうと思う。

どういう苦労をしてきたのかも、その人を知るいい手がかりになる。エスカレーターに乗って昇進してきた人より、苦労してステップアップしなければならなかった人のほうが一段がんばれることが多いし、難しい課題にも挑戦する気概を持っていたりする。

経済機会局時代、アシスタントとしてディック・チェイニーのほかにもうひとり、ロン・ジェームズという若者を雇った。アイオワ州生まれだがイリノイ州エバンストンに住む祖母のところで育ったという。そして陸軍の空挺部隊を除隊したあと、私の議員事務所に就職したいとやってきたわけだ。意気込みがすごく、大成すると思った。実際、のちに、陸軍の次官補まで上り詰めている。

私は、深い質問をする人に甘く、逆に、ウェブサイトを見ればすぐわかるようなことを尋ねる人には厳しい。なお、求職者側から尋ねたほうがいい質問もある。どういう人をお望みですか、だ。その回答を聞けば、自分がそこでやっていけそうか否かがだいたいわかるだろう。

**目の前にあるものをチェックし、改善するのはたいがい誰でもできる**
**ないものに気づける人はめったにいない**

採用のとき、特に探す能力がある。なにが足りないのかに気づく力だ。目の前にあるものを批判し、赤ペンを振るうのはやさしい。でも、検討から漏れているものを指摘したり、問題の見方そのものを変えて現状に疑問を投げかけたりするのは難しい。

コンピューター系の会社は携帯電話も作っていることが多い。だが、インターネットと電子メールを活用すれば、携帯電話をミニコンピューターとして使うことも可能だとはなかなか気づけない。米国政府が中国と話し合いを始める、対ソ連政策を方向転換するなども簡単にできることではなく、ひとりの大統領がすべてこなすのは難しいし、大統領の周りに適切な顧問がいることも必要である。

１９９９年、私が委員長を務めた弾道ミサイル脅威評価委員会で、意味深長な概念が浮上した。誰が言い出したのかは記憶にない。考え方の違う人がたくさん集まっていなければ生まれなかった考え方なのかもしれない。その概念とは「知らないと知らないこと」だ。諜報機関では、いや、どのような場合でも、いつかは驚くことが起きる。たとえば最新鋭弾道ミサイルを中国が配備するペースなど、知らないと知っていることがいろいろとある。だがもっと怖いのは、知らないと知らないこと、だ。その後、二度目の国防長官に就任したとき、私は、どのようなものであれ、驚きや想定外を気にするようになっていた。２００１年9月11日の同時多発テロについてそれなりには対応できたのも、そのおかげだろう。それぞれに異なる視点から物事を見る人々、欠けているものにも対応できる人々を集めていなければ、どうにもならなかったはずだ。

**わかっているつもりなだけで実はまちがっていて、**
**そのまちがいを前提に行動する人がトップにいるほど危ないことはない**

——マーガレット・サッチャー

１９７７年、私は国防長官の任を終え、D・G・サール社にCEOとして迎えられたのだが、その際、一部株主から、ラムズフェルドに経営を任せていいのかと疑問の声が上がった。不安になるのは無理もないことだろう。経営の経験もなければ、医薬品業界の経験もないのだから。

そんな私だったが、一流の生化学者に技術者、優れた研究開発部門リーダーからなるチームが必要であることは承知していた。

法律も学位がないので、判断や活動が法律や規制に触れないよう、法律面からしっかりサポートしてもらう必要があることも心得ていた。サールは世界各地で事業を展開しているので、対応しなければならない法律や規制の数も半端ないのだ。新任ＣＥＯとしてしなければならないことがもうひとつあった。経営幹部チームの構築だ。会社全体をひとりで動かすのは不可能だし、私にないスキルは誰かに提供してもらわなければならない。要所要所に一流の人材を配せなければ大変なことになっていただろう。そういう意味で、経験豊富な法律家のジョン・ロブソンと事業や財務に詳しいジム・デニーに来てもらえたのは幸運だった。我々３人が協力して優秀な管理職を各部署に配置した結果、会社にとっても、株主にとってもいい結果を出すことができた。

逆に、部下を信頼できない人が国のトップになることもある。１９７６年、私は、ジョージア州知事のジミー・カーターと面談した。数週間前に大統領選挙で勝った彼に、国防長官から国防省の話を聞きたいと言われたからだ。いろいろなことを尋ねられたが、とても驚く質問がひとつあった。大統領が軍艦1隻を動かすにはどうすればいいのかと問われたのだ。

海軍兵学校出身ならそのくらい知っているはずと思いつつ、手続きを説明した。最高司令官である大統領が国防長官に命令を出せば、その命令が国防長官から指揮命令系統を経由して現場に届き、軍艦が動く、と。ところが、「その軍艦が実際に動いたことはどう確認するのだ」と重ねて問われてしまった。海軍にいたというのに、軍のシステムが信頼できないらしい。

たしか、こうお答えしたはずだ。

「州知事どの、こと国防省に関するかぎり、命令が実行されるか否か心配する必要はありません」

大統領の意向にすぐ反応しない部局もあるのかもしれないが、ペンタゴンは違う。

「国防省で心配すべきは、むしろ、出した命令を後悔することがないか、です」

リーダーは、部下の知識や判断、対応力に頼らなければならない。だから信頼が必要なのだ。

**才人は誰も射ることのできない的を射る**
**天才は誰にも見えない的を射る**

——アルトゥール・ショーペンハウアー

ダイバーシティとか多様性という言葉は、このところ、ぜい肉たっぷりになってしまっている。世間で求められているからうちもやっていると言っておこう、言うことそのものが目的の言葉になっている感さえある。だが本物の多様性は、さまざまな視点、経験、スキル、方法論、関連情報が集まっていることで、組織の強みとなり得る。アインシュタインやモーツァルトならひとりで偉業をなし遂げられるかもしれないが、我々凡人がそれなりのことをしたいなら、みなの協力を仰がなければならない。アインシュタインでさえ、自分の仕事は先人あったればこそだと、アイザック・ニュートンの写真を書斎に貼っていたほどなのだ。

見方が対立する人同士が会議で意見を戦わせたり、お昼を食べながら雑談したりしていると、妙案が浮かんだりする。そういう自分ひとりでは思いつけないものをすくい上げ、活用するのがリーダーである。

ニクソン大統領について、副大統領候補の選び方がよくないと思ったことは紹介した。あれは例外である。ニクソン大統領は人選びがうまい。性格も人の御し方も、経歴も、ものの見方も大きく異なる識者を集めるのだ。大統領執務室では、学者肌のヘンリー・キッシンジャーが外交政策について語っていたり、パット・モイニハンが冗談を連発しながら労働市場について語っていたりする。かと思えば、そのころは民主党員で国民の利益を強く訴えていたジョン・コナリー（ニクソン大統領が高く評価していたひとり）と政策を冷静に検討するジョージ・シュルツと穏やかなアーサー・バーンズが経済状況について討論していたりする。ニクソン大統領は、そういう優秀な人々が意見をぶつけ合い、そこから生まれるエネルギーを我が物としていた。だから、環境保護庁（EPA）の創設や徴兵制の廃止から賃金や価格の統制、州に対する定額交付金制度、さらには公教育にバウチャー制を導入する実験にいたるまで、議論の余地はあるかもしれないが意欲的な政策を次々打ち出せたのだ。

組織図に載らない人や官僚組織のサイロに入っていない人、幅広い物事について考え意見を提供してくれる人、どうということもない話が実は大事なのだと気づかせてくれる人も身近にいて欲しいタイプである。

このあたりを痛切に感じたのが、米国の大使としてブリュッセルのＮＡＴＯ（北大西洋条約機構）に行ってくれとニクソン大統領に言われたときだ。連れて行けるのはふたりだけ。ひとりは私の側近を長く務めてくれているレオナ・グッデル、もうひとりは、アナポリスにある「偉大なる本の学校」、セント・ジョンズ・カレッジの学長、ロバート・ゴールドウィン博士にした。ゴールドウィン博士は政府系の仕事をしたこともないし、まして、外交の経験はない。だが、彼ほどに幅広い知識を持ち、深く考える人はそういない。博士と話をすると、想像もしなかった視点や知識が得られるのだ。だからフォード政権にも、博士に参加してもらった。博士はワンマンシンクタンクとして大統領の知的羅針盤になってくれた。米国有数の知性を持つ人々を呼んでは、ホワイトハウスのサンルームで大統領にレクチャーをしてもらったりしたのだ。領域は教育、犯罪、飢えなど多岐にわたる。博士のような人がみつけられれば百人力だ。

公職を長く務めた身として、私は、意見が食い違うことのある人が周りにいたほうがおもしろいし、助かると思っている。それもあって下院議員時代には、反戦を強く訴える左派のアル・ローウェンスタインとも友だちづきあいをしていた（彼ものちに下院議員になる）。アルは冗談がうまくて、意見は一致するほうが少ないくらいだったが、一緒にいて楽しい相手だ。また日曜午後は、夫婦して、エセル・ケネディらとテニスをよくした（我々は共和党だがケネディ家は民主党

ニクソン大統領は人選びがうまい。性格も人の御し方も、
経歴も、ものの見方も大きく異なる識者を集めるのだ。

だ)。あと、伝記作家としても有名なジーン・エドワード・スミスも友だちのひとりだと思っている。回顧録を書いたときには、ひととおり書いたところで彼に意見を求めた。返ってきた原稿の余白には、ところどころ、政治的な意見の食い違いが上手な言葉遣いで書き込まれていたことを記憶している。

## クビにできない人は雇うな

履歴書がどれほど輝きを放っていても、おだてたり三拝九拝したりで来てもらうのは考え物だ。部下に借りを作ったり、そう見えることをしたりすべきでない。雇う側にとっても、雇われる側にとっても、組織にとってもよくないことだ。

来てもらうためには、あるいはその役職を引き受けてもらうためには、どんなことでも約束しなければならない、あらゆる相談に乗らなければならない。そう考えているとしか思えない経営者を見ることがある。求職者に対し、雇う側が自分自身と組織を必死に売り込んでいる形で、立場が逆転してしまっている。まずもってうまくいかないパターンだ。約束でがんじがらめになり、状況が変わったときに（状況はたいがい変わるものだ）対応が難しいからだ。

## 世界の墓地には欲しい人材が山と眠っている。

——シャルル・ド・ゴール

引く手あまたなら特別扱いを求めたり、考える時間を求めたりするのもわかる。だが、採用候補者の希望をかなえるために無理を通さなければならないなら、おそらく、ほかを当たるべきだ。長い目で見れば、そのほうが得策のはずである。

**自分は余人をもって代えがたい人間だと思うなそう思わせてもいけない**

リーダーは、どれほど優秀でも、自分が代えのきかない存在などではないことを念頭に置いておかなければならない。トラックにひかれることだってあり得る。そもそも、リーダーシップを取れる人がひとりかふたりしかいないのであれば、それはリーダーが無能な証拠である。主要ポストが混乱なく交代できるようにしておくことも、組織トップの責任だからだ。有能な副官と幹部チームには、トップがワークライフバランスを取りやすくなる以外にも効能がある。トップがいなくなる日が来ても後継者がいることだ。たとえばスティーブ・ジョブズは、自分がいなくてもやっていけるチームを作ることにずいぶんと時間をかけた。ジョブズが亡くなったら株価が暴落すると思っていたアナリストもいるが、有能な幹部チームもしっかりした継承計画も用意されていたので混乱が起きることはなく、ジョブズが去って6カ月で株価は60％も上がっている。なお、自分がいなくなったあとのことなど知ったことではないとでもいうような言動をリーダーがしているなら、取締役会が対応を考えるべきだ。

## 採用の失敗は雇う側の責任であって、雇われた側の失敗ではない

責任ある地位についていれば当然かもしれないが、私も、人事をミスると大変なことになると経験から学んでいる。そうなった場合（いつか必ずやらかす）、まちがいに向き合い、修正しなければならない。しかもすぐに。ぐずぐずしない。失敗というものは、特に人事のミスは、先送りしてもいいことはなにもない。

私は、国防長官時代、不適切な人物を陸軍のトップに据える大ポカをやらかしている。元陸軍准将のトム・ホワイトを陸軍長官にしたのだが、彼は、大統領（および私）の代理人として陸軍を指揮監督するのではなく、陸軍の代表として私にもの申すことが自分の仕事だと勘違いしていたようだ。要するに、真逆のことばかりしたのだ。最高司令官である大統領は、米軍全体の能力と即応性を高めたいと考えていたのに、それを手伝おうという姿勢が見られない。その

ころ米軍では、1台110億ドル、重量40トン、口径155ミリの自走榴弾《りゅうだん》砲、クルセーダー(この命名もどうかと思う)が開発されていた。輸送には大型輸送機2機が必要となる。この開発・配備の打ち切りを大統領と私が決断すると、ホワイト陸軍長官は陸軍と一緒に猛反発した。これはさすがに見過ごせない。だから2003年4月、陸軍長官を執務室に呼んだ。辞任を求める以外にすることはないので、話はすぐすんだ。こうして彼は辞めることになった。

いまふり返ると、もともと陸軍でキャリアを積んだ人間を文官に推薦したことが大まちがいだったのだと思う。時間をかけてがっちりできあがった組織を変えようというとき、その組織の人間をトップに据えてうまくいくはずがない。その文化にどっぷり漬かり、そこに適応してきたから出世したわけで、方向転換の視点を持つのは難しくて当たり前だ。これは私の失敗であり、だから私が修正した。

誰かをクビにするとき、その理由はさまざまだ。有能なのに、チーム全体の足を引っぱる人もいる。ある時点では貢献してくれていたが、その人あるいは組織の状況が変わった結果、貢献できなくなるなんてこともある。そもそもそのポジションについたのがまちがいというケースもある。

そんなことを言われても職を失う者にはなぐさめにもならないだろうが、クビを言い渡すのはいやなものだ。実際、できない人もいたりする。大統領でさえ、自分ではやりたくないと部下に任せることがある。部下と正面から向き合い、どうしてそういうことになったのかを説明してくれる側近を持つのもリーダーに必要なことだ。敬意の印にもなる。

　失職は本人にとって、またその家族にとって大きなショックだ。だが、労働市場の流動性が高く、競争が激しい社会では珍しくない出来事だ。適任ではなかったとクビにされたほうがいい場合も考えられる。自分を見つめ直し、自分に合った仕事をみつけるきっかけになり得るからだ。直後はそれどころではないだろうが。

　大成功した人も、実は似たような経験をしている。たとえばヘンリー・フォードは、車のフォード社を創業する前、5回も倒産の危機を経験している。ウォルト・ディズニーも、「想像力がない」と新聞社からお払い箱になったことがある。アルベルト・アインシュタインは学校になじめず中退している。エイブラハム・リンカーンは事業でも失敗しているし、選挙の落選もくり返し経験している。闘志や忍耐、覚悟のある人は、そういう場合にも自分の人生をよりよいものにしようと努力を惜しまないものなのだ。

CHAPTER

# 4 戦略的に考える

THINKING STRATEGICALLY

米国人は「戦略《strategy》」という言葉をよく使う。いくらなんでも使いすぎだというくらいに使う。しかも、使い方がまちがっていることが多い。ほとんどの人は「この件について戦略が必要だ」とか「一緒に戦略を考えましょう」とか会議で聞いたことがあるだろう。こう言われれば、出席者は、たいがい、そうだと言わんばかりにうなずく。それがなにを意味しているのか、人によって思うことは違っていたりするのに。

選挙では、どの政治家も、これの戦略はどうの、あれの戦略がこうのと語りまくる。このとき実際には、たとえば「子どもたちに世界最高水準の教育を与える」というすばらしい目標とその目標を実現する戦略とが混同されていることが多い。ペンタゴンでは、よく、「戦略的なコミュニケーション」などとしたり顔で語られる。だがその内容は、戦略とまるで無縁だったりするし、それどころか、コミュニケーションとも関係がなかったりする。戦略うんぬんという部署名もよくある。そういう部署が本当のところなにをしているのか私にはわかったためしがないし、そこで働く人にもわかっているのかどうか怪しいものだと思っている。「戦略」はあるよと言いさえすればすむものではないのだ。

## 惰性で前に進めるのなら、それは下りだ

——義父L・W・ピアソン

戦略とは、大きな目標に向けた活動の基本計画である。小さな目標を定めて優先順位を付けたり、各目標に必要な資源を集めたりするプロセスだとも表現できる。その戦略を実現するための細かな計画は戦術という。戦略とは、ある瞬間に始まってある瞬間に終わるような性質のものではない。計画の策定と評価をしなければならないし、取捨選択や決断も必要になる。手も頭も働かせなければならないし、時間もかかる。

戦略計画に時間を使いたがらない人もいる。それより、たったいま直面している問題を優先するのだ。それも無理からぬこととは言える。緊急性は重要性に勝りがちなのだ。リーダーはやることがたくさんある。ほかの人が優先したいことに大事な時間を使ってしまい、自分が優先することまで手が回らないこともある。

ここ何週間か、なにをしたかふり返ってみよう。飛び込んできた電子メールに返事を書くとか、誰かが呼びかけた会議に出るとかに何時間使っただろうか。相談の電話を受けて何時間使っただろうか。

時間をかけて戦略計画を策定し、それを推進しなければ、組織が進む道は次のいずれかになってしまう。つまり、外の出来事に翻弄《ほんろう》され、対応だけで手いっぱいになってしまうか、いままでこういう方針でこうしてきたからと、大昔に決められたのかもしれないことを踏襲するだけになるか、だ。

**決断の良し悪しを判断する基準をスタッフに示すこと。そうしなければ、各自がてんでばらばらなことをするようになる。**

目的をはっきり定め、優先順位を全員で共有していなければ、組織は部分部分がそれぞれ勝手なことを始めてしまう。他部署とバッティングするところも必ず出てくる。なお、大きく成熟した組織はトップからの戦略的指示に抵抗しがちだ。でもだからこそ、リーダーは、戦略的目標と優先順位をはっきり示さなければならない。

## 受信箱に使われると、ほかの人の優先順位に従うことになる

いまは電子メールや電話が遠慮会釈なしに飛び込んでくるので、つい取り紛れてしまい、自分がすべきことを忘れてしまったり、そこに十分な時間をかけられなかったりしがちだ。だがリーダーの仕事は、送信箱で組織を動かすことだ。だから企業では、毎日、スタッフに質問を投げたり調査を依頼したりして、チーム全体が同じ優先順位で動くようにした。ペンタゴンでは、メモを書いた白い紙、通称「綿雪」をあちこちのオフィスに次から次へと降らせた。いまも、週に何十本もメモやメールをそこここに送っている。返事がいつごろ来そうなのかのメモや、進捗をいつごろ問い合わせるべきなのかのメモを集めた「せっつき」リストも作っている。もちろん、実際に問い合わせるときは、丁寧にやさしく、だ。

送信箱でほかの人に働いてもらうことには、ほかにもメリットがある。組織全体にメモを送れば、トップがなにを考えているのか、なにに悩んでいるのか、全員が知ることになる。そして、これがわかれば、社員一人ひとり、自分はなにをどうするのがいいかを考えることができる。特に大きな組織では、あらゆる階層の人間にトップの考えを知ってもらうことが大事である。

## 目的地が不明なら、どの道でもたどり着ける

——ルイス・キャロル（言い換え）

戦略なしにはロードマップもあり得ない。そのとき、ひとつの目標に向かってそれぞれなにをしなければならないのかを組織に示す手だてはない。進み具合を測る手だてもない。要するに、戦略がなければまず失敗するのだ。

戦略は四つの段階からなると私は思う。

## 第1段階　目標を定める

戦略策定の第1段階は、目標と優先順位を適切に決めることだ。軍でも政府機関でも、企業でも、非営利組織でもそこは変わらない。たくさんの補佐官がみな優秀であることはジョージ・マーシャル将軍もよくよくわかっていたはずだ。ただ、彼のほうが広い範囲を見ていた。時間をかけてじっくり考え、目的を適切に定めれば、計画そのものは論理的に導かれるとわかっていたのだ。

> **目標さえ正しく決めれば、あとの戦略は部下に任せてよい。**
>
> ――ジョージ・C・マーシャル将軍

戦略計画で一番難しいのは優先順位だ。たいがい、利害が対立するからだ。英国のトニー・ブレア首相も「リーダーシップの極意は、イエスではなくノーと言うことだ」と語っているし、スティーブ・ジョブズも「集中するとかピントを合わせるとかいうのは、集中すべき案件にイエスと言うことだと思われるのがふつうです。それは大まちがいです。集中すべき案件ではない、百種類もの優れたアイデアにノーと言うことなのです」と語っている。あらゆる人のあらゆる希望に添うなど不可能だ。目標を定めるとは、ある意味、やらないことを決めるに同義だし、なにをしないのかはなにをするのかと同じくらい重要なことだ。

## 最優先3項目が答えられない人は優先事項がないに等しい

会議で私は、最優先事項はなにかと尋ねることが多い。けっこう答えにくい問いだ。特に初めて尋ねられた人にとっては。問われて口ごもるなら、それはそれでいろいろなことがわかる。最優先事項が六つも八つも出てくるなら、それもまたそれでいろいろなことがわかる。

**備えざる所なければすなわち寡《すくな》からざる所なし。**

——孫子

全方位に備えれば、全方位が手薄になるということだ。だから、最優先事項は三つかせいぜい四つに絞らなければならない。それ以上はあぶ蜂取らずになってしまう。しょっちゅうこう尋ねていると、廊下ですれ違った部下から最優先事項はこれこれですと申告されるようになる。

## 「なぜ」と問うべし

小さな子どもは、次から次へと「なぜ？」と問うことが多い。くり返し答えなければならない者にとってはたまったものではないが、実はこれは、リーダーが戦略的な目標を定めるときにも有効な問いかけとなる。

サールで私は、株主への配当を凍結した。なぜか。配当ではなく研究開発にお金を回すべきだと考えたからだ。なぜか。研究開発費を増やす以外に、新薬を開発し、長期的な成長力を高めて株価を押し上げる方法がないからだ。なぜか。株価が上がり、キャピタルゲインを得るのは株主にとってメリットだからだ（しかも、キャピタルゲインにかかる税金は配当より少ない）。だから、サールの戦略的目標は、研究開発で成功する医薬品企業になる、とした（正解だった。私がCEOを務めた8年間でサールは450％以上もの増益となり、株価は6倍以上にもなった）。

幅広い効果が見込めない目標は、戦略的と言えない。組織の進む道を根本的に変えるようなものでなければならないのだ。効果の幅がもっと狭く、小規模なものも大事だし、大きな目標の実現に役立つものではあるのだが、本当の意味で戦略的とは言いがたい。

戦略的目標となるのは、たとえば事業なら、4年間でシェアを倍に増やすなどだ。私がいた医薬品業界なら、8年間で主力商品3種類を開発し、FDA（食品医薬品局）の認可を取って市場展開するなどだ。

米国政府の閣僚なら、退役軍人省が請求を処理するのに要する時間を30日に短縮するなどだ（場所にもよるが、いまは375日もかかることがある）。

期日はなるべく定めたほうがいい（定めないほうがいい場合もある）。定めても結局は後ろ倒しになったりするが、それでも最終期限や短期的・中期的な中間期限があったほうがやる気が出るし、時間も上手に使えるようになることが多い。

なお、目標は現実的でなければならない。「敵を倒す」や「戦争に勝つ」「コストを最小限に抑えて売上を最大化する」など、道しるべになりようがないものがよくある。それはそれで大事なのだが、雲をつかむような目標では、どうすれば実現できるのか見えてこない。

第一次世界大戦中にあったとかなかったとか言われている話を紹介しよう。商船を攻撃するドイツの潜水艦、Uボートにどう対処すればいいだろうと連合軍士官が尋ねたという。部下のひとりが即答。「海を沸騰させる手が考えられます。潜水艦はたまらず浮上するはずです」

具体的には？と重ねて問うと、「名案はわたくしがひねり出しました。どういう作戦でどう実現するのかは、閣下にお任せします」と返ってきたという。これは迷案と言うべきだろう。

## 始めるは易く、やめるは難し

2001年9月11日の同時多発テロ後、アフガニスタンの国際テロ組織アルカイダをたたく作戦を計画するにあたり、どういう戦略的成果が望ましいか、政府内で意思統一をした。3000人近い米国国民を殺したイスラム系過激派組織をたたき、アルカイダのテロリストを大勢かくまっているタリバン政権を倒すことで米国国民を守る、だ。

このころは、貧しく、戦争で荒れ果てた内陸の国を無期占領するとか、米国型の民主主義を醸成しようとか、そんな話は外に対してでも内部でも語られているのを聞いた記憶がない。国造りなど、米軍がすることでもないしできることでもない。立派な目標ではあろうが、そんなことをしようとすれば長期駐留をしなければならなくなるし、アフガニスタンの人々が米国の支援に頼るようにもなりかねない。それこそ、占領下という認識から言われるがままになってしまうことも考えられる。

だが時がたつと、政府内の認識は大きく変わっていた。大規模な長期駐留の影響やそのコストを国家安全保障会議で検討したことはないと思うし、そういう駐留を決めたこともないと思うのだが、何年もたつうちに、少しずつ目標がずれてしまったようだ。いわゆる「ミッションクリープ」が起きたのだ。結局、10年以上も米軍・NATO軍がかなりの規模で駐留することになってしまった。

意欲的で複雑な活動というものは、範囲を拡大し、完璧なものにしたいという雰囲気がだんだん強くなっていくものだ。だが、一組織にできることには限界がある。そこを見誤ると事態がややこしくなるし、下手をすれば、そもそもの目標さえ損なわれてしまう。国にせよ組織にせよ、リーダーたるもの、忘れてはならない大事なポイントである。

## 見えるものに目をつぶるな。
――ロナルド・レーガン

第40代大統領に就任してすぐ、ロナルド・レーガンは、国家安全保障担当補佐官のリチャード・V・アレンにこう語り、外交筋を驚かせた。

「ソ連に対する私の政策はシンプルだ。シンプルに過ぎると言う人もいるだろう。『勝つのは我々。負けるのは連中』だ」

単なる大言壮語にしか聞こえないだろう。あるいは、さすがは元俳優、うまいことを言うと感じるか。だがこれは、西側外交界の常識にまっこうから勝負を挑む戦略的目標だった。これほど大胆で意欲的、壮大な目標はなかなかないと言える。

外交政策の専門家はソ連とどう折り合いをつけるかに腐心してきたわけで、開いた口が塞がらない人もいた。左派もいないことはないが、カーター政権が相互軍縮を進めるなどソ連と共存する方向だったこともあり、多くが職を辞していた。「歴史という灰の山にいる」とソ連が気づく日がいつか来るとの信念を示した米国大統領は、レーガンまでいなかったのだ。

レーガン政権は、冷戦政策のほぼすべてを、この明快な目標ひとつに照らして評価した。実現に向けた大筋はこうだ。いきなりソ連と交渉するのではなく、まずは米国の軍備を再構築する。力を背景に、ソ連のリーダー、ミハイル・ゴルバチョフ大統領と交渉しようというわけだ。共産主義国家におけるレジスタンス運動も支援する。ミサイル防衛システムなるものを考え、発表し、推進する。核攻撃が難しくなるかもしれないとソ連が恐れたシステムだ。

ソ連を武力ではなく口で攻める。そうかもしれないと思わず納得する表現で真《まこと》の姿を暴くことによって。「いたずらに挑発的」で「危険」だと糾弾する向きもあったが、ソ連を「悪の帝国」と呼ぶなどは、いずれも、前述の戦略的目標に必要な一歩だとの計算があった上でのことだ。潮目が変わったとソ連上層部に突きつけるのだ。大統領の口撃にソ連は少しずつ自信を失い、ソ連の抵抗勢力は少しずつ活気づいていった。

その上で、レーガン大統領は、強い立場から、米ソの関係を根本的に変える構想を推し進めた。情報公開と経済改革、いわゆるグラスノスチとペレストロイカを後押ししたのだ。そして、自立しえないシステムが自己矛盾でつぶれるのを待つ。俳優風情が、とよく言われたレーガンは、実は、20世紀指折りの戦略家だったのである。

## 第2段階　想定を把握する

サムター要塞の北軍駐屯部隊に大砲が撃ち込まれた1861年4月、これが何年も続く内戦の始まりになるとは誰も思わなかった。まして、南北合わせて60万人以上も死者が出るなど。エイブラハム・リンカーン大統領もその戦時内閣も、南部連合が兵士を集めていることは知っていたが、1回か2回、がつんとたたけば南部の連邦離脱に対する国民の支持は揺らぎ、反乱は収まるはずだと思っていた。和平交渉で早期に南北戦争を終わらせられる、と。

リンカーン大統領は、まだ無名だったユリシーズ・S・グラント将軍に対し、南軍版図《はんと》に深く侵攻し、南部の士気をくじくよう命じた。だが南に進んだグラントは、南部連合の支持などすぐに崩れるという大統領の見立てはまちがっていると気づく。

「シャイローの戦いまでは、私も多くの国民も、反乱などすぐ収まる、大勝ちが1回あれば収まると思っていた」――グラントの回顧録に記された一節である。シャイローの激戦を語ったあとには、こうも書いている。

「完全征服以外、北軍を救う道はないのだと悟らざるを得なかった」

リンカーンや北軍幹部が痛感したように、想定は想定であって事実ではない。こうなる可能性がそれなりにあるというだけのことだ。だから、想定どおりにならないことがあってもおかしくない。いや、あるのが当然だ。想定だと言うのは、事実ではないと明示するためだと言ってもいい。

大前提の想定がまちがっていれば、戦略も根本的に見直さなければならない。非正規戦闘なのに通常戦闘の論理で目標を定めたのでは成果などあげられるはずがない。組織票の動員が必要なのに数少ない浮動票を争っていたのでは、選挙に落ちてもしかたないだろう。このように、計画を立て、遂行する前に、まず、想定についてよく考えてみなければならない。

## 論理が完璧でも、前提がまちがっていれば、結論もまちがった不幸なものになり得る

戦略計画で想定の検討はおろそかにされがちだ。実際には違うのに、みんなわかっているよねという感じで、改めて指摘されることさえなかったりする。そういう隠れた想定や無意識の想定こそ、あぶないというのに。

ブッシュ政権に加わって間もない2001年、想定の重要性を痛感する出来事があった。国防省の棚には、軍事作戦や不測事態作戦が記された極秘資料が並んでいる。イランが隣国を攻撃した場合の対応策から、内戦が始まった外国から米国国民を緊急避難させる作戦まで、内容

は多岐にわたる。これを順次チェックし、内容を把握するとともに、それらが現状に即していること、よく練られていること、また、新大統領への説明資料として使えることを確認したいと国防省の作戦参謀に説明を求めた。

最初の資料は、北朝鮮が韓国に攻め込んできたとき韓国を軍事的にどう支援するのかだった。韓国は米国の大事な同盟国だ。米国兵士も１９５０年代からたくさん駐留していて、彼らが攻撃目標になることも考えられる。北朝鮮は保身中心で攻撃してくることは考えにくいが、あの国の指導部が合理的に考えるとは限らないのも周知の事実だ。

作戦の目的は明快。韓国の主権を守り北朝鮮の脅威を退ける、だ。だが、想定の検討がない。作戦の前提となるもののはずなのに。どういう状況で戦わなければならないのか、そこを詳しく検討し、話し合って意識を統一しておかなければ、朝鮮半島の有事に対応する作戦など作れるはずがないのではないか。私は、そう、口に出していた。

## 敵方だったら自分はどうするだろう。
――フリードリヒ大王

作戦参謀は最初をはしょり、作戦そのものの説明にいきなり入ってしまった格好だ。敵がどう動くと考えるかでいろいろ変わってくるというのに。もちろん相手の動きをあらかじめ知ることはできないわけだが、歴史や最新情報に基づいて合理的に推測しておかなければならない。北朝鮮が核兵器を持っていると考えるべきなのか、持っているとするなら数はどのくらいか、米国やその同盟国に使ってくる可能性はあるのか。そのあたりも説明がなかった。核攻撃の可能性は我々の作戦を大きく左右する大事なポイントだというのに。

抜けはほかにもあった。北朝鮮指導部は、かつて1950年代前半にしたように、中国に支援を求めるのか。そのとき中国は中立を守るのか。日本に駐留している空軍と海軍も動員できるのか、日本政府に反対されるのか。ぜんぶ抜けていた。

この説明が例外だったことを期待しつつ、ほかの地域の不測事態作戦に移った。似たようなものだった。兵員数、補給線、攻撃目標候補、想定される使用武器など、作戦の勘どころは押さえてある。いずれも大事なポイントだし、いい推定なのだろうとも思う。だが、その前に検討しておくべき変数、状況を根底から変える可能性のある変数について検討がなされていない。だから、こちらではなくこちらを選んだのはなぜかなどと問うと、とたんに話がおかしくなってしまう。

説明会をいったん打ち切り、土曜日にもう一度開くことにした。ただし、やり方を変える。作戦の前提となる想定を示してもらい、それを検討する。話をするのは想定のみだ。実際、土曜日の会議では想定だけを何時間も話し合い、作戦には触れなかった。

これ以降、不測事態作戦のブリーフィングは前提の検討から入るようになった。押さえるべき想定はすべて押さえたとみんなが思えるまで次に進まない。不平・不満はすぐに消えた。こうして、最初に想定を洗いだしてから作戦の策定に入るのが正式な手順になるとブリーフィングの質は上がり、国防長官の機嫌はよくなった。

サダム・フセインへの対応を準備したときも、想定を念入りに洗いだした。２００３年３月の開戦の前、何カ月もかけて、米国では、中央軍と統合参謀本部、そしていわゆる文民指導者がくり返し想定を吟味した。まちがいもたくさんあったが、それは驚くに当たらない。他国の政治判断など、予測が難しいものもあるのだから。たとえば、米軍がトルコを通ってイラク北部に侵攻するのをＮＡＴＯ同盟国のトルコが許してくれるのか否か。この点について我々の予想は外れたわけだが、トルコ大国民議会の評決は数票の僅差だった。

想定は先入観や過度の一般化、粗雑な情報収集でゆがむことがある。たとえばイラク近隣の国々からは、侵攻が始まったらすぐに動いてくれ、そうしないと、いわゆる「アラブストリート」に抗議行動が広がり政府として困った事態になってしまうとよく言われた。ふたを開けてみれば、これもまちがいだった。イラクの政府も軍部も基本的な行動のパターンは変わらないことも前提にしていた。バグダッドが陥落しそうになったら橋を爆破する、油田に火を放つ、化学兵器を使うなどしかねないというわけだ（イラン・イラク戦争でサダムは化学兵器を使っている）。そういう想定がまちがっていてもよかったなとなるだけなので、最悪を想定して準備しておくほうがいい。

想定は民間においても同じく大事だ。製品の需要はどうなるのか、ライバルはどう反撃してくるのかなど、市場の変化を推測し、仮説を立てなければ事業計画は始まらない。なかでも、「計画期間中に需要が10％増える」や「5年以内に他社が同等品を開発・販売することはない」などは大前提の想定と言える。いずれも計画策定時には妥当だったかもしれないが、必ずそのとおりになるわけではないし、意外に早く違う展開になることもある。いずれにせよ、最初に時間をかけて大前提を確認しておかなければ、状況が変わっていることにも、その結果、事業計画を根本的に見直さなければならなくなっていることにも気づけない可能性がある。

## 第3段階　ベストな道筋を見極める

戦略計画の第3段階では、想定を前提に、目標を達成できる道筋を検討する。いまいちな選択肢しかないことも少なくない。

1940年6月、英国も新任の戦時首相も厳しい状況に直面していた。降伏する以外に道はないのではないか？　ダンケルクの戦いは命からがら逃げてくるのがやっとだった。米国が欧州に参戦してくれる見込みはない。フランスはナチに占領され、休戦協定を結ばされた。ウィンストン・チャーチル首相が一番心配していたのは、当時世界第4位の強力なフランス艦隊がどうなるのか、だった。主力は地中海、アルジェリアはメルス・エル・ケビールの沖合にいる。

これをドイツに接収されれば外洋はヒトラーのものとなり、英国の立場はさらに危うくなってしまう。

英国は、とてもつらい決断をしなければならなかった。フランス艦隊がナチの手に落ちるのを傍観するか。外交交渉により、フランス艦隊で英国を攻めないとの約束を、ビシーに生まれたナチス・ドイツの傀儡政権から取り付けるか。船をよこせとフランス海軍に求め、拒絶されたら、つい先日まで一番の味方だった国を攻めることになるが、英国海軍を派遣して沈めてしまうか。彼らは悩みに悩んだ。

とりあえず外交を試みたがどうにもならない。そして6月27日、チャーチルは大きな決断をする。フランス艦隊で英国攻めをしないとナチが約束してくれるなら英国は敗北を認めるつもりなのではないか、とのうわさを吹き飛ばす一手である。フランス海軍上層部に、次の四つからひとつを選べと突きつけたのだ。

- 英国海軍に接収される。
- 最低限の人員で英国の港に回航する。
- フランス領西インド諸島か米国に移動し、そこで武装解除する。
- 上記以外を選び、英国海軍に沈められることを覚悟する。

猶予は3時間。回答がなければ攻撃し、地中海の藻くずにする。

回答期限がとうにすぎた1940年7月3日午後5時30分、英国海軍が攻撃を開始。フランス側は艦船7隻が沈没または戦闘不能となり、死者も1297名を数えた。「フランスが全力で戦ったのは第二次世界大戦の開戦以来初めてのことだ」とチャーチルが皮肉を漏らしたほどの激戦だった。英国にとってこれは苦渋の決断だったが、同時に、転機となった決断でもある。それまでの英国は指導者不在で、このままずるずる負けていくのだろうと思われていた。

**やさしい選択肢などトップにはない。選びたくないものばかりだし、選んだあとどうなるかもわかりようがないものばかりだ。**

——ディーン・アチソン

大戦略と言われるほど大規模な戦略になると、どの道筋を選んでもよくないことがどこかで起きてしまう。大統領の決断を仰ぐようなものは、必ずと言っていいほど、リスクがあるか不本意な結果が出がちかだったりする。事業のトップも同じである。簡単な決断は、もっと下のレベルですむからだ。トップのところまで行くのは、本当に難しい決断のみ。しかも、側近の意見も割れていることが多い。

冷戦時代、米国は欧州と東アジアで自由を守るなどの成果をあげたわけだが、その戦略はそう難しいものではなかったはずだという人が多い。50年にわたるこの「トワイライト・ストラグル」には国家予算が兆ドル単位でかかっていること、核戦争のリスクがあったこと、東アジアにおける2回の戦争で何万人もの米国人が命を落としたこと、そのなかにあって両党のトップがたゆみなく努力をしたことには思いがいたらないらしい。大きなことをなすのが、特に歴史的に大きなことをなすのが、簡単なわけがない。難しい問題について、リスクのない解決方法やコストのかからない解決方法を探しがちだが、そんなものはまずない。名案は幻覚でそちらに進めばドツボにはまるのが関の山だ。

大事な決断をするときは、選択肢をまとめてみるといい。ニクソン大統領もそうされていた。国家安全保障担当補佐官のヘンリー・キッシンジャーがまた上手にまとめるのだ。選択肢を洗い出し、道筋ごとに賛成意見と反対意見をまとめる。各補佐官が推奨する選択肢とその理由も添えられていた。

**選択肢をすべてリストアップする。そうすれば状況をしっかり把握できる。**

ハーマン・カーン博士のやり方もいい。カーン博士はハドソン研究所を創設した人物で、映画『博士の異常な愛情』のモデルになったとも言われている。彼は、幅広いシナリオを数え切れないほど出してくれる。

着想の整理がうまいのだ。私は「ラインの上とラインの下」法と呼んでいる。まず、紙に横線を1本引く。そして、さまざまなアイデア、取り得る道筋、選択肢などを検討し、よさそうだと思われたものは線の上、あまりよくないと思われたものは線の下に書く。こうすれば、選択肢を捨てることがない。この紙を参考にすれば、あらゆる選択肢を考慮しつつ新しいアイデアを考えることができる。こうして線の上に書かれたアイデアの数を減らしていけば、いつか、最適解が求められるというわけだ。これは包括的で、こうするとよくよく考える時間を取ることになり、結論を急いでしまうことがない。線の下に書いたアイデアも再検討するので、そこから意外な選択肢が浮上したりする。

## 戦略は綿密に
## 大ざっぱだと、ミス挽回の余地があまりないとき大変なことになりかねない

実行段階に入るときは、ほんの数分でいいから時間を取り、目的や前提、取るべき道筋各種を再確認するといい。できればメモなしで。このあたりを切れよく伝えられないのなら、戦略を練り直したほうがいいだろう。関係者に納得してもらえないなら、それも練り上げ不足の印だろう。その場合は、もう少しがんばろう。

### 計画を納得してもらえないなら、それも練り上げ不足の印だろう。

外交などではわざと曖昧にすることもあるが、戦略計画は話が違う。人によって解釈が違えば、関係者全員が協力して同じ目的に向かって進むことはできない。曖昧な部分があると、ビジネスの世界では費用がかさんでしまう。軍事の世界では人命が失われる。

## 第４段階　指標で進捗を測る

進む道筋を選んだら計画の策定はおしまい――とはならない。成果はどれほどあがっているのか、計画の調整は必要ないのかなどを定期的に再評価する。目標はいまも達成可能なのか、前提はいまも正しいのか、道筋はいまも望ましいままなのか、などなどだ。

### 測ると進む

私は「指標」の信者だ。どのくらいうまくいっているのかを数値で測る。理由？　測ると進むからだ。

測定はすごく有効だ。自分についても測定すると意識を集中し、モチベーションを上げることができる。たとえば体重を減らしたければ、毎日体重を測る。予算が気になるなら、項目別に出費をときどき確認し、使いすぎている項目をみつける。軍も、しょっちゅう検査という形で同じことをしている。士官学校でも、ベッドの状態などを教練軍曹が検査をくり返す。そして、最初はちゃんとしていたはずが、そのうち、シーツから硬貨が出てきたりする。測定や検査をくり返すと、望ましい結果につながりやすい行動や決断を無意識のうちにできるようになっていく。

政府は特にその傾向が強いのだが、結果より努力に重きが置かれたり、アウトプットよりインプットが重視されることが多い。政治家も政府職員も、民間に比べると、遂行能力による評価が徹底していない。CEOなら、威勢はいいが口だけだったら、早晩、退出をうながされることになる。ともかく、目標に向けて進めているか否かを知るには、測定が大事である。

## 手に入るのは、期待したものではなく測ったものだ。

サールで私は思いきった手を打った。指標を定期的に確認して年次報告書に記載することにしたのだ。売上、研究開発費、1株当たり利益率などだが、ふつうは公開しない指標もあった。なにを基準にしているのか、なにを改善したいのかを株主や社員に示すのが狙いだ。前に進めているのか否か、誰にでもわかるようにすれば、なにがなんでもなんとかしようと自身にプレッシャーをかけることになる。

もちろん、指標は常に正しく、信頼できると言いたいわけではない。ソ連時代から伝わっている話を紹介しよう。あり得ないほどたくさんの靴を作れとスターリンが言い出したという。工場は生産割当を満たしたが、靴のサイズはぜんぶ2・5センチだったそうだ。なんでもいいから指標を用意すればいいわけではない。適切な指標でなければならないわけだ。

## 事態がどちらに流れるのかは「ゲート試験」で確認できる

レーガン政権で教育長官を務めた友人、ビル・ベネットから、シンプルだが効果的な試験方法を教えてもらったことがある。「ゲート試験」なるものだ。選択肢ふたつのどちらが好ましいかを知りたければ、両者を隔てるゲートを開けばいい。そうすれば、どちらがいいか、人々が行動で示してくれる。人もお金も、望ましくないほうから望ましいほうへ動くというのだ。

値段を同じにしたら、選ばれるのは自社の製品か他社の製品か。アフガニスタン人は（米軍がタリバン政権を倒したあとのように）国に戻るのか、それとも国を出ていくのか。この流れを見ればいろいろなことがわかる。

まったく同じなのに選ばれるのが他社製品なら、どうすればその流れを変えられるのかを考えなければならない。組織やコミュニティの人がどんどん少なくなるのなら、ほかにあって自分たちにないのは何なのか、考えてみなければならない。どうすればその流れを変えられるのか。この問いに答えられなければ、成功の可能性が高い戦略を考えることはできない。

## 測れないものは管理できない。

——ピーター・ドラッカー

9・11のあと、いわゆる世界的なテロとの戦いで成果をあげられているのか、それを示す指標を私は探した。2003年10月、作戦指揮を執る大将クラスの指揮官を集めた会議のあと、イスラム系過激派組織によるテロの脅威を減らせているのか否か、それを測れる指標がないと問題を提起するメモを書いたのだ。冒頭、私は「テロとの戦いに勝ちつつあるのか負けつつあるのか」と尋ね、最後は「勝ち負けを測る指標がない。勧誘、訓練、実戦投入されるテロリストの数と我々がとらえたり殺したり、説得したりするテロリストの数とどちらが多いのかわからない」との結論に達したわけだ。

テロとの戦いにおいて、政権の戦略は十分な成果をあげられているのか。我々はアルカイダを打ち倒したいと思っている。イスラム教信者全員の心をつかみたいとも思っている。だが、どうすればそうできるのか、その戦略を作るのは難しい。どうすれば米国の力を結集できるのか。どういう指標なら成果を測れるのか。これこそが、当時、欧米諸国が直面していた問題であり、私としては、いま現在も直面している問題だと思っている。

このときのメモには戦略の真実が描かれている。計画どおりに進む計画はないという立案のパラドックスだ。想定外のことが必ず起きるのである。

CHAPTER 5

# 不測の事態に備える

PLANNING FOR UNCERTAINTY

2001年4月、米国防省が防衛戦略の全面見直しを始めた。法律で定められている「4年ごとの国防計画見直し」という改訂作業だ。このときの改訂は、21世紀に資源をどう配分し、今後の紛争に対し米軍はどう対処していくのかを決めるものとなる。

未来をそれなりの精度で予測できると考えたら手痛いしっぺ返しを食うことになるという私の考えにぴったりのメモがあったので、それをブッシュ大統領に提出した。書いたのはペンタゴンの政策担当、リン・ウェルズで、列強の力関係が予測不能であることをせきららに指摘しているメモだ。

• 1900年、世界一の大国は英国で、その安全保障政策担当は、旧敵フランスを警戒していた。

- １９１０年、英国は、フランスと同盟を結びドイツを敵国と定める。
- １９２０年、英国は第一次世界大戦に参戦、勝利し、かつて友好国であった米国および日本と海軍力の軍拡競争に入る。
- １９３０年、海軍力について軍縮条約が成立。大恐慌で今後10年は戦争などあり得ないというのが常識になる。
- その９年後、第二次世界大戦が勃発。
- １９５０年、英国にかつての力はない。核の時代が到来し、米国が韓国で「治安維持活動」を始める。
- その10年後、政策の焦点はミサイル技術や配備数などの米ソ間格差、いわゆる「ミサイル・ギャップ」に移る。基本戦略は大規模報復から柔軟な対応へと変化。ベトナムなど聞いたこともないのがふつう。
- １９７０年、ベトナム戦争はピークを過ぎ、ソ連との緊張緩和《デタント》が始まる。湾岸地域では米国が王の後ろ盾となる。
- １９８０年、ソ連がアフガニスタンに侵攻し、イランで革命の嵐が吹き荒れる。「実体のない戦力」や「脆弱性の窓」といった議論が登場。米国は、世界史上でもず抜けた債権国となる。

計画に意味はない。大事なのはその策定だ。——ドワイト・D・アイゼンハワー

- 1990年、ソ連は崩壊寸前、米軍は実体ありまくりで砂漠に進撃寸前。米国は世界史上でもず抜けた債務国となる。インターネットはまだ名前も知られていない。
- 10年後、ワルシャワが首都のポーランドはNATO加盟国になっていて、地政学的脅威より非対称脅威が大きな問題となる。また、情報、バイオテクノロジー、ロボット工学、ナノテクノロジー、高密度エネルギー源など、さまざまな技術で革新が進み、今後どうなっていくのか予想がつかない状態となる。
- というわけで、2010年の状況について確かなことなど言えるはずがない。ただ、いまの予想とは似ても似つかない状況であることはまちがいない。だから、そういう前提で計画を立てるべきだ。[2]

勘所となる流れを予想し、把握できれば、ライバルに対して明らかに優位に立つことができる。だから、それができる人をみつけたら、なにがなんでも味方にすべきだ。そんな人はめったにいないのだから。次善は、予測には限界があると認める知恵と勇気のある人だろう。

計画策定など不要だと言いたいわけではない。計画はまずもって狂うものであるが、それでも、計画を作ろうとすれば不測の事態についてもいろいろと考えなければならず、実際にそういう事態になった際、対処しやすくなる。計画をしっかり作っていれば、臨機応変に対処できるし、まちがいを認めやすくなる。そのあたりは、軍でも企業経営でも同じだ。

前の章では、戦略策定の勘所をまとめた。この章では、たいがい起きる不測の事態で戦略の方向を大きく変えなければならなくなったとき、どうすればいいのかをまとめる。

## 接敵したら計画は崩壊するものだ

——ヘルムート・フォン・モルトケ老

戦略で目標を達成するには時間がかかるので、多少の失敗があったり反対意見が増えたりしても方針を変えない意志が大事になることもある。逆に、状況が変わって方向転換が必要になれば、決めた道筋にこだわらないことが大事になる。

どのような攻撃に対してもなにがしか防御があり得るし、どのような防御に対してもなにがしか攻撃があり得る。そもそも、敵もさる者、である。こちらの動きに対応してくる。だから、当初適切だった目標や正しかった前提も、昨日、これが一番だと思った道筋も、明日、そのとおりであり続けるとは限らない。

ナポレオン軍にどうやって勝つつもりなのかと、ワーテルローの戦いの前夜に尋ねられると、ウェリントン公爵は「どうするか、ねぇ。それに答えるには、まず、ナポレオンがどう動くのかを教えてもらわないと」と返したという。計画など立てるに値しないという話ではない。戦争ほど複雑なことを思いどおりに進められると考えるのがまちがいだという話である。敵には敵の計画があるし、運も無視できない。それでも、不測の事態にも対応できるように準備を整えておけば、運を引き寄せることができる。ウェリントン公はそう考えていたのだ。そして、ワーテルローの戦いでナポレオン軍は敗走し、ナポレオン皇帝は降伏、流刑に処される。

**この戦略こそが我々の政策を実現するものだ。見直すまでは、な。**

——マーリン・フィッツウォーター

計画をいつ見直すのかは難しい。ヒントはごく微妙だったり、どうとでも取れるものだったりする。大事な指標の変化に油断なく目をとめ、潮目が変わるとほかの人より早く感じ取れるのが戦略的リーダーというものだ。優れた観察者であり、微に入り細をうがつようなことはしない。

「並みのリーダーは細かな点にこだわることで仕事をした気になるが、それは仕事に飲み込まれているだけだ。彼にはそういうところがない」とは、ヘンリー・キッシンジャーのアンワル・サダト評である。エジプトのアンワル・サダト大統領ほどのリーダーはちょっといない。初めてお目にかかったのは、1970年のカイロで行われたガマール・アブドゥル・ナーセル前大統領の葬儀だった。米国は彼のことをリーダーとして二流にすぎないと評価しており、次期大統領になることはまずないと考えていた。現実は大きく違っていた。

サダト大統領は1977年にエルサレムを訪問し、その数カ月後にはイスラエルと和平の合意を結んで中東情勢を根底から変えてしまう。実は、思い切った動きを考えているのではないかと思わせるヒントも過去にあった。10年以上もソ連陣営に属していた7年前、米国の外交使節に対し「イスラエルを支援していること以外、米国に文句はない」と語っているのだ。そして、ソ連陣営の反イスラエルが基本だったエジプトの戦略を、米国陣営へ、かつ、紛争の多いあの地域を安定させるいかりの役割へと変えたわけだ。

## 自身の考えを織りなす糸を変えられない者に現実は変えられない。

——アンワル・サダト

2001年9月11日の同時多発テロ後、ブッシュ政権は、対テロ戦略を根本的に見直した。そうせざるを得ない大失敗であったことは、いやでも目に入る。私の執務室からわずか数百メートル歩けば、そこが、アメリカン航空77便がペンタゴンに突っ込み、184人が亡くなった現場なのだ。それまで、テロは警察などが対処すべきもの、問題は事件が起きたあと、犯人をつかまえられるのか、つかまえられるとしたらいつなのかだと考えられていた。このときも大陪審が開かれ、犯人欠席のまま起訴が行われた。だがその間も、テロリストはどこかにひそみ、さらなる攻撃の機会を狙っていたはずだ。この昔ながらのやり方では米国国民を守ることができなかった。世界貿易センタービル、ペンタゴン、ペンシルバニア州シャンクスビルで3000人以上が死んだのだ。

大量殺人が可能な兵器をテロリストが入手できるようになるなど状況も大きく変わっていて、それに応じたやり方が必要になっていた。テロが起きたら犯人を捜してとらえ、裁判にかけるなど悠長にすぎる。だからブッシュ大統領は先制攻撃をしかけ、イスラム系過激派による攻撃そのものを止めることにした。そのためには、攻勢に転じる、テロリストがいるところに攻め込む、テロリストのネットワークを寸断する、リーダーをとらえるあるいは殺す、支援している国に圧力をかける、金の流れを断ち切る、勧誘や資金集めの原動力となっている過激なイデオロギーをたたくなどしなければならない。予防という明確な目標に沿って政府関連機関を再編成しなければならない。いまふり返れば、そうするのが当たり前だと思えるかもしれない。だが、ブッシュ大統領のあの決断は、その前4政権続いてきた政策を大きく変えるものだった。

**知るを知るとなし、知らざるを知らずとなす**
**これ知るなり**

——孔子

2001年、国防長官に戻った私の前には難しい仕事があった。冷戦は終わった。ソ連は歴史という灰の山に入った。軍事的に米国が脅かされることはまずない。知らないことに備えなければならない。あやふやなことに備えなければならない。見えないことに備えなければならない。予想もしていないことに備えなければならない。そのためには、手慣れた考え方を捨て、いまだ姿を現していない敵を抑止し、二の足を踏ませ、破る力を手に入れなければならない。しっかり考慮した上でリスクを取る形に軍を改革しなければならない。起業家精神を導入すると言ってもいいだろう。起きた事態に反応するのではなく、事態の発生を予想して動くことを許す、いや、推進する国防省にしなければならないし、官僚的な言動よりイノベーターかベンチャーキャピタリストのような言動が増えるようにしなければならない。

たとえば、脅威が現れるまで待つのではなく、あらかじめ想定しなければならないわけだ。ここまで50年ほど、安全保障計画は「脅威対応型」だった。冷戦時代に適した考え方だ。脅威をもたらすのは基本的にソ連だったし、攻撃対象は中央ヨーロッパの平野部だと考えてまずまちがいなかった。だが21世紀になって状況は変わった。だから、「能力対応型」に切り替えることにした。誰が脅威をもたらすのかやどこに脅威がもたらされるのかより、どう脅威にさらされるのか、どういう能力を持てば敵対行動を思いとどまらせられるのかを中心に考えるのだ。

押し込み強盗で考えるとわかりやすい。誰が、いつ、押し入ってくるのかはわからない。でも、どう押し入ってくるのかは予想できる。窓を割る。これには警報器で対処できる。鍵をピッキングする手もある。これにはデッドボルトと呼ばれる補助錠が有効だ。まずは下見をすることが多いので、地域パトロールをして不審者がうろつきにくくするのもいい。番犬としてシェパードを飼うなどもありだ。

このように、情報が不十分でなにがどうなるかよくわからなくても、それなりに安心を確保することは可能だ。これはまた、知らないことが必ずある、必ずしも予想していなかった展開があるという現実と折り合いをつけることでもある。

## 「知らない」と言えるようになろう
## そう言うべきときは意外なほど多い

世の中では、これはこうなるとよく断言されるが、その根拠となる情報やデータが示されることはあまりない。私が見るのはニュースやスポーツ番組が多いのだが、たまに時事解説の番組や金融番組を見ると、これからこうなると自信満々に断言する人がたくさん登場する。友だちのウィリアム・シュナイダー博士は、そういう人について「1年分の経験を50倍くらいに水増しするからな」とよく言う。選挙に勝つのはこの人だ。この会社の株価はこれから上がる。これから不景気になる。逆にもうすぐ好景気になる。これは「絶対にない」、あれは「必ずこうなる」のオンパレードである。

そんなこんなから、私は、「絶対にない」と「必ずこうなる」という言葉に抵抗を感じるようになった。これほど危険な言葉はないと思う。厳密に考えすぎなのかもしれないが、実際のところ、100%まちがいなく、なにかが起きないとか逆に起きるとか言えることはめったにない。だから、こういう言い方をすればおおかたまちがうわけだ。専門家としてコメントする場合、まちがってもたいていは許される。リーダーは絶対に許されない。いや、絶対に近いくらい許されないと言うべきか。

**知る者は言わず**
**言う者は知らず**

——老子

ペンタゴンでは、アフガニスタンやイラクの戦争はどのくらい続くと思うかを記者によく尋ねられた。費用はどのくらいになると思うかという質問もよくあった。負傷者の数も、だ。こういう問いに答えるべきでないのはわかっているが、つい、答えたくなってしまう。そして、おりおり誘惑に負けては、あとで後悔するのだ。「わからない」と答えて悪いことなどなにもないというのに。

1980年代のグレナダ侵攻をはじめ、ここしばらくは軍事行動が成功しているからか、米軍なら、戦死者をあまり出さず、ささっと上手にどこの国でも制圧できると思われている。イラク戦争のときも、推進派から、ちょちょいのちょいだなど、信じられない言葉が飛び出してきた。だが私は、朝鮮戦争の末期に親友が戦死しているし、ベトナム戦争当時に議員でもあったわけで、武力紛争についてちょろいとか、結果は見えているとか、かかる期間や費用が予想できるとか言うなど愚昧にもほどがあると思ってしまう。戦闘とは、先が見えないまま戦うものだ。「どう始まるのか、どう展開するのかなど、戦争には驚きがつきものだ」——ドワイト・D・アイゼンハワーの言葉である。

## 不測の事態は戦場の王者だ
――カール・フォン・クラウゼヴィッツ

イラク侵攻の準備として、私は、ペンタゴン幹部の武官・文官とともに、困った事態に発展しうる事柄を洗い出した。スンニ派とシーア派の内戦、米軍が8年から10年も撤退できなくなる、イランやシリアの参戦、さらには、大量破壊兵器の発見不能など、考えたくもない可能性が並んでいて、のちに「ラムズフェルドの惨劇リスト」と呼ばれるようになるものだ。[3] ブッシュ大統領が侵攻を決断された場合、最悪、どういうことになり得るのかを国防省と国家安全保障会議があらかじめ検討しておくためのリストである。

未来の予測ではない。そんなことはできるはずがない。困った展開になり得るもの、すべてをリストアップしようとしたわけでもない。このリストを書いた理由はむしろ逆だ。なにが起きるのか、予測不能だと示したかったのだ。

ビジネスの世界でも同じことが言える。どこからどう見ても大成功するとしか思えない新製品があったとしよう。マーケティング戦略もしっかり練り上げたし、前提も、すべて検討した。そして、適切で達成可能な目標を定めもした。なのに突然、他社から競合品が発売される、思わぬ法的問題が降って湧く、景気が急降下して消費者が財布のひもを締めてしまうなどが起きたりする。専門家でも予測できない事態だ。いや、専門家も等しくまちがうと言うべきかもしれない。

**なんであれまちがいないと思えるのは、**
**そのことについてすべてを知っている者か、なにも知らない者だけだ**

——オリン・ミラー

政治、ビジネス、経済などのコンサルタントやコメンテーターとして生計を立てている人、数百人に対し、心理学者のフィリップ・テトロックが行った調査がある。調査対象となったのは、それぞれの専門分野で「第一人者」とみなされている人々である。

基本的に3択のシナリオを選ぶ形で、20年にわたり総計8万回以上、予測を行ってもらう。内容は、大統領選挙でジョージ・W・ブッシュにアル・ゴアが大勝するかや、ケベック州がカナダから独立を宣言するかなどである。その結果、専門家は、3回に2回近くも予測を外した。その道の専門家として一番有名で高く評価されている人々は、予測という面ではほぼ最悪だということがわかったのだ。コインを投げたほうがまだしも当たるのだ。

## 昨日の将来予測ほどすぐ古びるものはない。

――リチャード・コーリス

私は、文字どおり何百回も、3年から5年くらい先の未来を予測するグラフを見せられたことがある。内容は業績や国内総生産の伸び率、不動産価格、金利、株価、選挙結果などさまざまだ。連邦政府でも、ソ連経済の規模からベトナム反抗勢力の耐久力、サダム・フセインの化学兵器などについて専門家が予測を語るのをこれまた何回も聞かされた。みな、自信に満ちた顔なのだが、それを見るたび思ってしまった――違うかもしれんだろ、と。実際、たとえば、国家安全保障会議でCIA幹部からサダムの大量破壊兵器プログラムについてブリーフィングを受けたときのメモには「要注意。確実性の高い話だが……違うかもしれない」と書いている。

**知っていることを伝えろ**
**知らないことを伝えろ**
**そこまでしてから、考えていることを伝えろ**
**必ずはっきり区別して**

――コリン・パウエル大将

1999年11月、ラフィド・アハメド・アルワン・アル・ジャナビなる人物が観光ビザでドイツに入国した。そして、ドイツ諜報機関に対し、イラクから政治亡命したいと申し出る。化学系のエンジニアで、移動式の生物兵器ラボで働いていた、サダム・フセインが進める大量破壊兵器プログラムのメンバーだという。この情報は、すぐ、米国諜報機関に伝えられた。このあと、彼は、「カーブボール」というコードネームで呼ばれるようになる。

その10年後、大量破壊兵器プログラムについて自分が語ったことは必ずしも正確でなかったと彼は言い出すのだが、そのころにはすでに、CIAの国家情報評価も影響を受けてしまっていたし、2003年1月、イラクの大量破壊兵器プログラムについてコリン・パウエル国務長官が国連で語った内容も影響を受けてしまっていた。

**戦時は矛盾する情報が多い。うそはもっと多いし、大半はうさんくさい。**

——カール・フォン・クラウゼヴィッツ

国務長官は、カーブボールがのちに撤回する情報を事実として語ってしまった。しかも、情報源がカーブボールだけで裏付けが取れていないことにも触れず、彼にはうそをつく動機があったことにも（ドイツに住みたいと考えていたことがのちに判明する）、情報に矛盾がいくつもあったことにも触れず、である。カーブボールの情報は、十分に精査されることなく、諜報機関の現場から大統領の国家安全保障会議まで上がってしまったのだ。

**事実は情報と言わない。**

——元ＣＩＡ長官、マイケル・ヘイデン大将

イラク戦争の批判には、いまだに「カーブボール」の名前が登場する。うその情報で米国を戦争に導いた人物というわけだ。だが、イラク大量破壊兵器プログラムについては、各国が長年にわたって情報を収集しており、それに比べれば、彼がもたらした情報など微々たるものである。イラクが大量破壊兵器の開発を進めているという結論は、衛星写真、国連の報告書、大量破壊兵器を開発し、イランや自国の民に使ったサダム自身の実績などを総合的に判断した結果なのだ。それでも、カーブボールの件には学ぶべき点がいくつもある。

**今日、口にする言葉が思いやりにあふれ、快いものでありますように**
**明日は自分に返ってくるかもしれないのだから**

——モー・ユーダル下院議員（アリゾナ州選出、民主党）

不確実なことの扱いをミスればしっぺ返しを食う。イラク大量破壊兵器のときもそうだった。大量破壊兵器がどこに置かれているか「知っている」とテレビ番組で言ってしまったものだから、ぼろかすにたたかれたのだ。未確認のことを断言しないよう注意していたはずなのだが。あのときも、「大量破壊兵器があるとCIAが疑っている拠点」の位置を知っていると語ればよかったし、そう語るべきだった。でも、真意と異なる発言をしてしまったし、発言の撤回はまずもって無理なのがこの世の決まりである。なにが言いたかったのか、なにを言おうとしたのか、時と場所が異なるところでなにを語ったのか——そんなことは考慮してもらえず、私は、国防長官在任中、ずっと、この不適切な発言に悩まされることになる。「言いたかったことを貫くよ」としか言いようがない。

**力なき確信も興味深いことがある**
**おもしろいことさえある**
**力ある確信は危ないことがある**

1953年に哲学者アイザイア・バーリンが著した『ハリネズミと狐』なる本がある。この本によると、世界の見方は大きくふたつに分かれ、その見方によって決断の仕方が異なるという。その一例として紹介されているのがギリシアの古い詩の一節「狐はたくさんのことを知っているが、ハリネズミはでかいことをひとつだけ知っている」だ。動物の世界も同じだというのだ。襲われそうになると、狐は、時と場合に応じた戦略を取る。生きのびられる可能性の高いやり方をたくさん知っているからだ。対してハリネズミは、毎回、だいたい同じ対応をする。シンプルで効果的なやり方だ。針を外側に体を丸めるのだ。

人も、基本的にこの2タイプに分けられるという。これはというアイデア、ひとつかふたつを信奉するハリネズミタイプ。もうひとつは、さまざまな戦略や手法を試してみる狐タイプ。ハリネズミは理論家に多く、狐は実用主義の人に多い。いずれにもメリットとデメリットがある。

リチャード・ニクソン大統領はどちらかというと狐タイプである。情報をたくさん読み込むし、イデオロギーはあまり気にしない。また、南部の学校における人種差別撤廃から徴兵制の廃止、外交政策の最大課題である中国との対話まで、さまざまな課題に時間を惜しみなく投入した。議題があちこち飛んでも気にならない。目的のためなら戦略を大きく変えることもいとわない矛盾の人でもあった。だから、強烈な反共でありながらソ連との緊張緩和を進めるデタント戦略を策定した。マイノリティに厳しかったとのちに批判されるが、連邦政府における差別を撤廃しようともしていた。

ロナルド・レーガン大統領は、むしろハリネズミタイプなのだと思う。物の見方が確立していて、どのような課題であっても基本的に視点がぶれない。レーガン大統領の中心には自由という力に対する信頼があり、だから、自由貿易や自由市場を推進し、一人ひとりが自分の決断を下せる自由を尊重しようとした。またソ連とは、ソ連の国民も自由を望んでいるし、自由を与えられるべきだという信念から対決姿勢を強めた。

ビジネスの世界では、幅広い知識と興味を持ち、環境の変化に対応できるゼネラリストが狐タイプと言える。ハリネズミは、中核となる考え方に集中し、それを深く信じて、自分の見方に合うように物事を変えようとするタイプだ。

どちらにも難はある。狐は賢すぎるのが欠点になったりする。変化や妥協をいとわないあまり、戦略がぶれたりする。「賢い人間にならほぼなんでも信じさせることができる」とまで言った脚本家もいるほどだ。ニクソン大統領は幅広い興味関心があったから、中国との対話などすばらしい成果をあげることができたが、同時に、不法行為を隠そうとするなど、あり得ないほどの過ちもしてしまったのだろう。

対してハリネズミは、自身の確信や信念があだになったりする。適応に時間がかかったり、適応したがらなかったりすることもある。ゼネラリストは、とうの昔に片が付いたとスペシャリストが思っていることさえうまく再検討したりする。だから、不確実なことへの対応は、狐に分があると言えるかもしれない。

リーダーなら、自分はどちらのアプローチを取りがちなのか把握しておいたほうがいいし、周囲はどちらを望んでいるのかも把握しておいたほうがいい。ただ、自己評価は難しいことが多い。少なくとも私は経験上そう痛感している。こうしてきたつもりのスタイルと、他人に言われるスタイルがずれていたりするのだ。

ハリネズミタイプであっても狐タイプであっても、一番いいやり方で世界を見て決断できる方法というものがある。リーダーたるもの、両方のアプローチをバランスよく使いたいと思うはずだ。

ひとつの方法は、人数もタイプも異なる多くの人から情報を集めること。専門家からだけ話を聞くのはだめだ。事態との間合いが狭く、根本的なところが変わっていても気づいていなかったりする。全体のトレンドを把握している可能性が高いゼネラリストからも話を聞くこと。

**イングランドしか知らない人間にイングランドのなにがわかるというのだ？**

――ラドヤード・キプリング

身近でない人からも話を聞くようにしよう。国防長官をしていたとき、私は本をたくさん読むようにしていた。国防省以外を含め、なるべく多くの情報に接したいと思ったからだ。組織には組織のバイアスが存在しがちだ。閉鎖集団は「集団的浅慮」に陥り、あり得ない結論にいたったりあり得ない確信を抱いたりすることがある。

政府は機密資料に頼りがちだ。機密とか最高機密とかスタンプが押してあるとすごそうに思えるからだ。でも、現場の状況なら、従軍記者の記事が公式報告書と同等か、下手すればもっと貴重な情報を伝えてくれたりする。メディアや公開のデータも、状況を正しく思い浮かべるのにとても役立つことがあるのだ。

なにごとも受け入れる心構えでいよう。最初になにをどう判断しても、それはそれとして追加情報を求めよう。最初の判断と矛盾するデータや事実は例外なのかもしれないし、自分の考えが古すぎる証拠なのかもしれない。こうなって欲しいと思い、情報の取捨選択や処理をまちがえないよう注意しよう。自分の意見や望みにぴったりのデータや事実は、特段の注意をもって取り扱おう。

## 証拠がないのは、それがないことの証拠にはならないし、あることの証拠にもならない

「探してもみつけられなかった」は単なる事実であり、ないことの証拠にはならない。直接的な証拠がないからといって、その仮定はあり得ないと排除しないこと。なにかがあると自分が知らないからといって、それがないことにもならないし、それがあり得ないことにもならない。単に自分が知らないだけかもしれないのだ。可能性を排除せず、探し続けよう。

仮定や予測がまちがっていたとわかったら、さかのぼって、なぜまちがったのかを検討しよう。なにを把握しそこねたのか、なぜやりそこねたのかがわかれば、予測の力を強化できる。

私の回想録『真珠湾からバグダッドへ』は、もともと『知っていることと知らないこと《Known and Unknown》』と題した。この言葉は、不確実性という基本的でとても大事な概念を的確に表しているからだ。２００２年2月12日の記者会見で、私は、知識というのは次のように分類できると回答した――「まず、知っていると知っていること。つまり知っていると自覚していることです。次に、知らないと知っていること。つまり、知らないと自覚していることです。さらにもうひとつ、知らないと知らないことがあります。知らないと自覚していないことです」

ペンタゴン詰めの記者にはウケがよくなかったようで、その晩、コミックや英語学の先生方にさんざん笑われてしまった。でもその後、事態はおもしろい展開を見せた。幅広い層が共感してくれたのだ。科学系の研究者はかなり気に入ってくれたようだ。「知らないと知らないこと」を検討し、それを「ブラック・スワン」と呼んだ本はベストセラーになった。あり得ないほど珍しく、大きなインパクトを持ち、かつ、起きてしまってからふり返ると「予測」できる事象のことだ。そして、ふだんのニュースや囲み記事などにもこの概念が登場するようになっていった。ラップグループがアルバム名にこのフレーズを使ったという話も聞いている（アルバムそのものは残念ながら聞いてはいない）。

私としては、政府においても企業においても知らないことがあり、そのせいで驚かされることが往々にしてあるという現実を、記者に、そして世間の人々に知って欲しかったのだ。

CHAPTER 6

# 知らないと知らないこと

THE UNKNOWN UNKNOWNS

驚きに遭遇したときうまく対処できるのも、よいリーダーである条件のひとつと言えよう。実際、驚きにどう対処するか次第で、人生や仕事、行政などがうまくいくか失敗するかが分かれたりする。驚きにはさまざまな形があり得る。うれしいことはほとんどない。デジタル写真の急激な普及でイーストマン・コダックもポラロイドも破綻してしまった。2008年、住宅市場の暴落では、大手の米国金融機関がいくつも破綻しそうになった。政府関連の仕事でも、枚挙にいとまがないほど驚きがたくさんある。

1972年6月の月曜朝、私は、ホワイトハウスの執務室でワシントン・ポスト紙を開いた。「共和党警備担当者5名が盗聴の疑いで逮捕」なる大見出しが飛び込んでくる。書き手は若手記者のカール・バーンスタインとボブ・ウッドワードだ。冒頭の1文を読んだだけでまずいとわかる。「ニクソン大統領の再選委員会に雇われた5人が民主党全国委員会本部に盗聴器をしかけようとして逮捕された」と書いてあったのだ。

ルーズベルトルームの幹部会議でも、この件が取りあげられた。まじめに取り合う必要はない、大統領選挙の年にはこういうことがあるものさと言う人もいた。対立陣営がニクソン大統領の再選をはばもうと仕組んだ話だろうと考えた人もいたのではないだろうか。

私はといえば、それほどのんきにも考えられなかったがパニックになったわけでもない。この会議の参加者がのちに書いた本には「こんなことをしたあほうが通りの向かいか（要するにニクソン再選委員会のこと）ここにいるなら、親指でつるすべきだな。これに関わっちゃまずい。死ぬぞ」と私が言ったと書かれている。言葉がそのとおりだったかどうかは記憶がないのだが、そんな風に思ったことはまちがいない。[4]

これがウォーターゲート事件の発端だ。ニクソン政権で仕事をしていた我々にとってはショックとしか言いようのない事件である。この侵入・逮捕が報じられた5カ月後の11月、ニクソンはマサチューセッツ州とコロンビア特別区を除く全米で勝利して大統領再選を果たすが、その後も新事実が次々と報じられていく。しかも、内容はどんどんひどくなっていく。

侵入事件の背後に誰がいるのかも、どういう意図があったのかも、私には見当もつかなかった。大統領本人や側近が関与しているとは思いもしなかったし、その後2年近くも政権が振り回されることになるとも思っていなかった。それでも、大統領が辞任に追いこまれる可能性はある、200年からの米国史上初の出来事につながりかねないとは思っていた。これこそ、ホワイトハウススタッフの大半にとって、「知らないと知らないこと」そのものだった。なにを知らないのか、まったくわかっていなかったのだ。

**必然は現実にならない**
**起きるのは必ず予想外のことだ**
——ジョン・メイナード・ケインズ

軍人として公務員として、また、経営者として、私は、不測の大事件をいくつも見てきた。たとえば、サール株主に多大な利益をもたらしたニュートラスイートの発見。1983年に起きたベイルート海兵隊兵舎への爆弾テロもそうだ。この結果、私は、レーガン大統領の特使として中東におもむくことになった。もちろん、2001年9月11日の同時多発テロも忘れることができない。

大きな驚きは人々の行動を変える。「当然」とか「ふつう」とかが変わってしまうのだ。ベアー・スターンズ投資銀行のように優良企業が一気に破綻することもある。トロイのように、文明が滅んでしまうこともある。意表をつく奇襲に成功すれば戦いに勝てたりする（秘密裏にすばやく、も大事）。うまくすれば弱者が強者に勝つことさえあり得る。

## 見たものには対応できる
## 見えないものにはやられる

政治家は驚きに悩まされるものだ。1977年の年末、大統領就任から1年弱のジミー・カーターは、妻のロザリンとともに、親米で知られるイランを公式訪問していた。ふたりをテヘランのニアバラン宮殿で歓迎したのは、在位37年のイラン国王である。大みそかの晩餐会でシャンペンのグラスを持ち、カーター大統領は「国王のおかげで、イランは、世界でもっとも混乱している地域における安定の島になっています」と語り、乾杯の音頭を取った。国民から絶大なる信頼を得ている国王だとカーター大統領は思っていた。

そのわずか1年あまり後、イラン国王はエジプトに亡命する。イラン国民の不満が爆発し、イラン革命が勃発したのだ。カーター大統領も米国政府も盤石だと思っていた国王の政権はあっけなく崩壊。あとにはアヤトラ・ホメイニ師の過激なイスラム政権が成立した。そしてそれから30年、イランは世界一のテロ支援国家となる。

**活用されない警告時間は無駄でしかない。飛行機の後ろに滑走路があるようなものだ。**

——リー・バトラー将軍

大量破壊兵器がイラクで発見できなかったのは大変な失敗だ、過去にないほどの失敗だと各方面から非難が続出した。だがイラン政権の崩壊も、諜報機関の人間は予想できなかったに等しい。イラン革命まで数カ月のころ、イランの新聞を読んだり、国王に抗議するデモに参加している人に話を聞いたり、アヤトラ・ホメイニ師（フランス亡命中）のテープを聴いたりすれば、状況は必ずしもよくないとうすうす感じ取れてもよかったはずだ。[5] だがCIAは情報の大半を国王配下の秘密警察SAVAKから得ていたため、革命の兆候が正しく伝わってこなかった。だからCIAは、革命の6カ月前、「イランは革命の状況でもなければ、革命に向かう状況にもない」と判断したのだ。そして、カーター政権も世界の大半も、びっくりすることになったわけだ。

## 成功したカモフラージュなど、誰も見たことがない

真珠湾攻撃にせよ9・11にせよ、なにかあると、誰かがしくじったからだろうとか、誰かが無能だったからそうなったんだろうとか言われがちだ。たしかに、どちらも、諜報機関にとっては大失敗だったとしか言いようがないのだが、それだけで話が終わるわけではない。問題は「想像力の欠如」にある。奇襲がなぜ、どのように成功するのか、その分析は、真珠湾攻撃について検討したロバータ・ウォルステッターの著作にトーマス・シェリング博士が寄せた前文が

すばらしい。

原因は、情報不足ではなく情報過多だとシェリング博士は言う。真珠湾でも9・11でも兆候はあった。ただ、見過ごされたり、正しく評価されずに終わってしまったというのだ。山本五十六が命令したハワイ攻撃の無線は傍受・解析していたし、日本の港で航空魚雷の演習が真珠湾さながらの形で行われていたのもつかんでいた。オサマ・ビンラディンの対米宗教令《ファトワー》も把握していたし、1990年代後半に太平洋で航空機10機あまりを爆破し、4000人からの犠牲者を出そうという「ボジンカ計画」をハリド・シェイク・モハメドが進めていたことも把握していた。だが、米国やその国益を害するおそれが同じくらいありそうな情報がほかに何千件もあり、その「ノイズ」に埋もれて、肝心の情報が見過ごされたり、少なくともたいしたことはないと考えられたりしてしまった。

**秘密をたくさん暴くと、知れないことがあると考えなくなってしまう。それでも知れないことは厳然としてあるし、秘やかに舌なめずりをしているものだ。**

――H・L・メンケン

別に警報スイッチの担当者が居眠りをしていたわけではない。経験豊富な諜報員も政治家も、みな、大日本帝国やアルカイダによる脅威を懸念していた。いつかは攻撃されるだろう、と。

ただ、いろいろな意味で予想が外れてしまった。1998年のように米国大使館か2000年のように停泊中の船が襲撃されると情報局は考えていた。カッターナイフを振りかざして民間航空機を誘導ミサイルにするなどあり得ないと思っていたわけでもない。真珠湾攻撃についてシェリング博士が語ったように、単に「なじみのない」方法であっただけだ。「想定される事態のうち、本気の検討をせずにすませたものはどことなく変に思える。変に思えたものは、たぶんないと思ってしまう。たぶんないと思ったものは、本気で検討する必要がないとなる」――シェリング博士の言葉である。[6]

経済がなぜか落ち込むとか紛争がふいに始まるとか、驚きの事態が起きたとき、人は、「誰がやらかした」のかを問おうとしがちだ。現世はわからないことだらけで、驚きは珍しくもなんともないのだと現実を直視するより、リーダーが無能だからだと考えるほうが楽だからだ。だが、うれしくない驚きのすべてを予測し、事前に対応するなど、いくら賢い人でもできるものではない。熟練の諜報機関に潤沢な資金を与えても、知らないと知らないことのすべてを予想するのは無理だ。ケネディ大統領とジョンソン大統領の国務長官を務めたディーン・ラスクが語ったように、「寝ているのは世界の3分の1だけで、残りの3分の2は起きてなにか企んでいる」のだから。

## 驚きと言える唯一のことは、常に驚かされるということだ

知らないと知らないことに対処するには、さまざまな人が集まって幅広い可能性についてブレインストーミングをする方法が考えられる。常に驚かされるのが現実なのだから、気づいていないことはないのかをよくよく検討した上で判断は下すべきだろう。こうだとしたらこうといろいろ検討してみることが大事なのだ。

明日朝、想定外のどういう事態が起きる可能性があるのか。注目している危険のうち、過去にもあってなじみがあるから注目してしまっているものはないか。どうすれば、想像力を膨らませ、真珠湾や9・11などの奇襲を大成功させてしまった「想定不足」を打破できるのか。どうすれば、「知らないと知らないこと」の一部だけでもしっかり予想したり、少なくとも検討したりできるのか。

まずあり得ないと思っても可能性を検討しておくかおかないかで、万が一、そういう事態になったときの反応が異なる。そして、なにをするのか、どのくらいうまく処理できるのか、どのくらい時間がかかるのかなど、初期対応の違いによって、戦争なら命が救えたり、事業なら株主価値の損失を大きく減らしたりできる。

米国政府は、驚きを減らすために毎年何十億ドルもの予算を使っている。国家のスパイ的な活動をしている組織は政府系で271組織、民間で1931社もあり、機密事項の閲覧資格を

持つ人も合計85万4000人前後もいるという。[7] CIA(中央情報局)、DIA(国防情報局)、DNI(国家情報長官)、FBI(連邦捜査局)、INR(国務省情報調査局)、NSA(国家安全保障局)などなど、頭文字で呼ばれる機関だけでも山のようにある。

企業は企業で、価格や為替レートの急激な変動に備えて、石油先物や外貨に投資するなど、莫大《ばくだい》な金額をリスクヘッジにつぎ込んでいる。

これこそ、型にはまった官僚的発想を打ち破るリーダーの仕事だと言える。もちろん官僚組織には教義、手法、手続きが求められる。というか、大きな組織を効率的に運営・管理するにはこのあたりが不可欠だ。だが、すべてを先例や原理原則に当てはめて処理しようとすればなじみのあることしか考えなくなり、驚きが必然となってしまうし、驚きの事態への対応がうまくできなくなってしまう。

**今回の戦争は前回と似ていないし、次回とも似ていない**
**今回の戦争は今回と似ている**

——バーン・クラーク海軍大将(アメリカ海軍作戦部長)

過去の計画やロードマップに安住すると、うれしくない結果になってしまうことがある。教義も規則も時代後れになり得る。たとえば、マジノ線は難攻不落の要塞線だとフランスの将軍もエンジニアも考えていた。地下鉄に食堂、さらには空調と、たしかに軍施設としては革新的だった。第一次世界大戦の失敗はくり返さない、これでドイツに攻め込まれる心配はないと言われたほどだ。前回の要だった防衛線死守が今後も重要だ。そう考えていたのだ。

だがドイツ軍はマジノ線を突破しようなどとは考えていなかった。１９４０年、ドイツ機甲部隊はまずベルギー、オランダ、そしてフランス南部へとマジノ線を回り込むような経路で侵攻。空軍は、マジノ線などおかまいなしに飛び越えてしまう。ヒトラーの電撃戦にマジノ線は過去の遺物でしかなかった。フランスは前回の戦争を戦う準備をしていたわけだ。

## 自分なら絶対にしないことを相手が絶対にしないと絶対に思わないこと

敵やライバルが自分と同じように考え、そういう状況で自分ならこうすると思うことをすると考えてしまうと、驚かされる結果になりがちだ。こういう考え方を諜報の世界では「ミラーイメージング」と呼ぶ。だが、合理性や自分の利益、自己保存などを気にしない相手もいる。そうでなければ、自爆テロなど起きるはずがない。我々と同じように考え、動くと想定するなら、イランのリーダーはイスラエルを殲滅《せんめつ》などしようとしないはずだ。イスラエルの報復攻撃で多くのイラン人が命を落とすおそれがあるのだから。

## 戦わずして人の兵を屈するは善の善なるものなり

——孫子

奇襲は、2500年前に書かれた兵法書の古典『孫子』にも登場するほど古くから使われてきた戦法である。この書を私は中国の外交官、戴秉国《たいへいこく》からいただいた。2005年のことだ。木箱に英語版と原典の中国語版が収められていて、繊細な絹のページを傷めないようにと手袋が添えられていた。『孫子』の要諦は、「密」と「驚」をもって反撃をふせぎ、血を流すことなく勝つことだ。こんな本を贈られたのは警告だったのか助言だったのか、それともその両方だったのか、いまだに判然としない。

驚は、小規模で弱い側に利がある。ベトナムやイラクでゲリラやテロリストと戦った際にも痛感したのだが、彼らは、基本的に、議会に足かせをされることもなければ、くり返し吟味しないと物事が決まらない官僚機構や報道界で動きが遅くなることもない。待ち伏せにせよ、9・11のような大量虐殺にせよ、比較的簡単に驚を実現できるのだ。

1984年、マーガレット・サッチャー首相の暗殺を試みたあと、アイルランド共和国軍（IRA）が出した声明も、「我々にとっては幸運が1回あればいい。対してそちらは、毎回、幸運が必要だ」という背筋が冷たくなるものだった。驚はテロリストに利があり、深刻な結果になってしまうことが多い。

市民にまぎれた民兵がゲリラ戦をしかけたりしたアメリカ独立戦争を除くと、米国が驚を活用したことはほとんどない。例外はアルカイダとの戦いだろう。あのときは、米国の特殊部隊、CIA、精密航空戦力がアフガニスタン北部同盟勢力にまぎれる形で攻撃をしかけ、タリバンに驚をもたらした。なかでも秀逸だったのが騎馬隊だ。特殊部隊員が敵と同じようにゲリラ戦をしかけ、大きな戦果をあげたのだ。

イラクとの戦いでは、侵攻を避けようと外交努力を重ねたため、戦略的な驚のチャンスはなかった。サダムに知られることなく大規模攻撃をしかけることはできなかったわけだ。このときブッシュ大統領は公然と交渉を展開するとともに、投入戦力を少しずつ増やしていく形を取った。武器関連設備に対する国連の査察を受け入れるよう、サダムに圧力をかけるためだ。それでも、アメリカ中央軍司令官のトミー・フランクス将軍は、戦術的な驚をもたらすことに成功した。侵攻がいつ、どこで、どのように始まるのか、サダム軍にわからないようにしたのだ。まず、陸軍1個師団をトルコ沿岸に配置。多国籍軍が南北から同時侵攻するのだろうとイラク側に思わせた。空爆より早く地上侵攻を始めたのも戦術的な驚である。サダム側は、1991年の湾岸戦争と同じように、何週間か空爆があったあと、地上部隊が動くと考えていたからだ。あっという間に米地上軍がバグダッドまで侵攻したのでイラク軍が戦意を失い、侵攻開始から3週間もかからずサダム政権が倒れる結果となった。

その後長く続いた反抗勢力との戦いでも、スタンリー・マクリスタル将軍旗下の統合特殊作戦コマンド（JSOC）が驚を活用している。敵であるアルカイダと同じくJSOCもすばやく柔軟に動けなければならない。JSOCは官僚主義を排したフラットな組織で、任務も順番に承認を取ることなく承認される。階層型の指揮命令系統を情報が上がったり降りたりするのではなく、さまざまな関連機関と部隊で情報を共有するネットワーク型にしたのだ。反抗勢力を追いつめる情報は鮮度が大事なので、「提携」セルという形でCIAとNSAの分析官もJSOCの分析官と一緒に仕事をする。官僚的な縄張り争いやセクショナリズムで情報共有が進まなければ成功はおぼつかない。2006年ごろ、JSOCは夜陰に乗じて接近し、アルカイダ工作員をつかまえたり殺したりするととても恐れられる存在となっていた。

世界最高の訓練を受け、最新技術と豊富な装備を持つ特殊部隊がマクリスタル将軍のもと、こういう概念を熟練の技にまで昇華したのだ。陸軍レンジャー部隊、陸軍特殊部隊グリーンベレー、空軍戦闘管制部隊、ネイビーシールズなどからなるJSOCは隠密、迅速、驚と三拍子がそろい、世界一の部隊となった。2008年ごろまでアルカイダはイラク経由で動くのを基本にしていたのだが、そのアルカイダを率いるアブ・ムサブ・ザルカウィや幹部を大勢あやめたのもこの部隊である。

テロリストの潜伏先に夜襲をかけ、容疑者を拘束する。手向かう者がいれば制圧する。そして、メモや携帯電話、コンピューターなどの証拠を押収する。これは言葉の専門家がすぐに分析する。誰が誰となにについて連絡を取っているのか、隠れ家はどこにあるのか、どういうウェブサイトを見ているのか、どういう電子メールアドレスを使っているのかなどを明らかにするのだ。この情報をもとに、ほんの2〜3時間後には次の拠点を急襲する。任務遂行から次の任務までの時間が短く、敵は対応が難しい。夜明けまでに都合4回も急襲がくり返されたこともある。こうしてイラク国内のアルカイダは壊滅していった。

ビジネスの世界でも驚は有効だ。ライバルが対応に使える時間が短くなるからだ。たとえばサウスウエスト航空は、新航路を就航の直前まで秘密にすることで知られている。驚はマーケティングにも使われる。たとえば大々的なマーケティングでは、情報を小出しにせず、最初にどんと大きく打ち出すのだ。こうすれば、ライバルにじゃまされることなく新しい製品やサービスの提供を始めることができる。

## 機密文書を目にする人がひとり増えるたび、情報漏洩の危険が倍加する

――リチャード・ヘルムズ元CIA長官

国レベルでは、特に民主主義の国では、驚の実現は難しい。秘密を保つことが前提となるのに、サイバー攻撃もあればウィキリークスもあるし、さらには報道の自由が保証されていて、世間になにを知らせ、なにを知らせないのか、それぞれが勝手に判断できてしまうからだ。

驚と密をうまく活用した政治家といえば、やはり、ニクソン大統領だろう。

1970年、違法薬物の密輸について話し合うため欧州各国を歴訪する前に、大統領から内々に会いたいとの話が来た。内容は、チャンスがあったら、中国高官との接触を米国大統領が望んでいるとルーマニア首相に伝えてくれ、だった。また、中国高官との窓口は、パリ大使館付きのバーノン・ウォルターズ少将にするとのことだった。

このあと秘密裏に進められた外交交渉に私は関わっていないが、この依頼を受けたことで、今後なにが起きるのか、なんとなく知ることができた。ちなみに、このとき大統領はビル・ロジャーズ国務長官に話を通していない。大統領としても悩んだことと思う。頭越しに大統領が外交を進めようとしていると知れば国務省は怒るだろうし、じゃまをしようとすることも考えられる。まずまちがいなく情報が漏洩《リーク》してしまい、右派から反対の声が上がる、ソ連が介入してくるなどの事態になるとも大統領は考えたことだろう。

自分と同じくアイゼンハワー政権に参画していたビル・ロジャーズをニクソンは好ましい人物だと評価していたし、尊敬もしていた。だが、こういう情報を知っていて隠していたとなるとロジャーズが国務省を掌握できなくなるおそれがあると考えたのだろう。だが実際には逆の影響が生まれてしまう。ニクソン政権の目玉となる外交構想から外されたということは、外交のトップとして大統領の信認を得られていないと、そう、評価されてしまったのだ。結局、このあとすぐ、ロジャーズは去ることになる。このように難しい選択もあったわけだが、ともかく、ニクソン大統領はソ連を出し抜き、メディアでいつも批判している人のなかからさえ称賛の声が上がるほどの歴史的な驚きを世界にもたらすことに成功する。そして、国の内外いずれにおいても反対の動きがはっきり出るより早く、１９７２年、米中が国交を開くという歴史的事件が起きたわけだ。

## 窮地には陽動
——アルフレッド・ランドン

ジェラルド・フォード大統領の首席補佐官としてウエストウイングの執務室で仕事をしていたある日、アルフ・ランドンなる人物から電話だと秘書に告げられた。

「って、あの、アルフ・ランドン？」

「誰ですか、それ？」

20代半ばの若い秘書では知らないのも無理はない。

アルフ・ランドンとはカンザス州知事から１９３６年の大統領選でフランクリン・Ｄ・ルーズベルトと戦うなど、共和党の大物だった人物である。

電話を回してもらった。

「お電話、ありがとうございます。ドン・ラムズフェルドです。フォード大統領とお話をされたいのでしょうか」

「いや、きみと話がしたいんだ」

そろそろ大統領予備選挙の時期で、フォード大統領とカリフォルニア州知事のロナルド・レーガンとの激しい戦いが予想されていた。当然、そのあたりはランドンもご存じだ。

「大統領はパナマ運河の件でだいぶたたかれているね」

運河の管理をパナマ政府に渡す協定を結ぶとはなにごとかと、レーガン知事がフォード大統領を責めている件だ。レーガンは、「作ったのは我々だ。費用を負担したのも我々だ。あれは我々のものであり、手放すなどあり得ない」と訴えていた。

続けてランドンにこう言われた。

「テディ・ルーズベルトがよく言っていた言葉、知ってるかい」

「ええ、いくつか存じ上げてはいますが……どれのことでしょうか」

「『窮地には陽動』だよ。いま、大統領がすべきことは陽動さ。窮地に追いこまれているのだから、陽動に走るべきなんだ。キューバのフィデル・カストロを狙うのがいいだろう」

予備選挙では、カストロを批判し、共産主義政権の圧政を前面に押し立てるべきだ――そういうことなのだろうと私は判断した。このアドバイスは結局採用されなかったのだが、彼が示してくれた考え方は重要だ。驚きをうまく演出すれば、対話の流れを変えられることもある。ソ連とデタントを進めるなど穏健派のフォード大統領がフィデル・カストロを口撃するとは国民も思っていないはずだ。受け身を保っていいようにいたぶられるのではなく、自分から揺さぶりをかけるのも時にはいい。そういう話である。

CHAPTER 7

CONFRONTING CRISIS

# 危機に対処する

チャック・パーシー（47歳）はたたき上げの富豪だった。才覚があり、一生懸命に働いて、貧しい身の上から功成り名遂げた人物である。声もすばらしく、政治家向きだった。いつの日か大統領になる男だと、アイゼンハワー元大統領に政界入りを勧められたほどだ。

1966年には、民主党のベテラン上院議員、ポール・ダグラスとイリノイ州選出の議席を争った。シカゴ大学時代、経済学教授だったダグラス上院議員の授業をパーシーが受けているなど、二人の縁は浅からぬものがある。元教授と元学生の戦いは激烈だった。支持率にも差がない。そして、投票の6週間前に大変な事件が起きた。

1966年9月18日早朝、パーシーの娘、バレリー・ジーン（21歳）が自室で刺殺されたのだ。第一発見者は、物音が気になって様子を見にいった母親のロレイン・パーシーである。なお、その際に犯人らしき男の姿も確認されているが、結局、犯人は特定できていない。

事件があったころ私はシカゴ郊外の自宅にいて、朝早く訪ねてきた両親からこのニュースを聞いた。テレビもラジオも事件で持ち切りだった。

私はパーシーと同じくイリノイ州が選挙区の共和党議員だったし、映画機材メーカー、ベル＆ハウエルのCEOであるチャック・パーシーには、その4年前、下院議員に初当選した選挙でずいぶんと支援してもらってもいた。大事な友人なのだ。似ているところはあまりない。彼は事業で成功していたが、私は、まだ、事業経営に携わったことがなかった。彼は裕福で私は違った。だが、彼は上院議員に初挑戦し、私は下院議員として同じ選挙区で再選をめざしていたことから、連邦議会で一緒に働けるようにと協力して選挙戦を展開していた。

その彼の娘が殺された。恐ろしいニュースだ。当時10歳だった我が家の娘も名前が同じくバレリー・ジーンであるだけになおさらだった。悲惨な事件で娘を亡くす。その悲嘆はいかばかりか。急いで着替えてミシガン湖畔のパーシー家に行き、なにかできることはないか尋ねてみよう。すぐにそう思った。

すさまじい状況だった。パーシーの家族はみな、気丈に振る舞おうとしてはいるものの、打ちのめされていることが明らかだ。クリスチャンサイエンスの信者であるチャックは、実践士とともに2階の部屋にこもっていた。家はＦＢＩや警察などの捜査員でごった返している。周囲には記者の群れ。電話は鳴りやまない。私はそんなパーシー家に数日とどまり、捜査に協力したり、取材に対応したりなど、悲嘆にくれる家族が外の世界に直接さらされることがないよう努力した。

パーシーは選挙活動を中断し、家族とともに取材を逃れてイリノイ州をあとにした。しばらくして戻ってくると、選挙活動を再開すると宣言する。バレリーもボランティアとして手伝ってくれていたのだから、と。11月、パーシーは当選し、それから18年間、上院議員を務めることになる。

バレリー・パーシー殺害事件は、危機という言葉を耳にしたときに浮かぶ要素がすべてそろっていた。想定されていなかった。突然だった。悲惨だった。そして、状況をことごとく変えてしまった。チャック・パーシーはみずから娘の死を悼みつつ、暗く沈んだ家族の面倒もみなければならなかった。

対立候補のダグラス上院議員は難しい舵取りを強いられた。自分を追い落とそうとしている男と自分がどう違うのかをはっきりと示さなければならないわけだが、惨劇についても触れないわけにはいかない。パーシー陣営はパーシー陣営で、世界的にも注目の事件だと群がる記者に対応しつつ、イリノイ州の人々に支持を訴えなければならない。世間の注目を集めた状態で、所轄、郡、州、連邦が入り乱れて捜査を進めなければならず、交通整理が難しい。しかも、国を揺るがす事件なのに、解決できそうにない。記者も、事実と作り話をきちんと見分けなければならないし、どうすればセンセーショナリズムに走ることなく報道できるのかも考えなければならなかった。

その中で私が果たした役割などごくささいなものにすぎないが、忘れることのできない経験だった。なにをすべきか、どうすべきかを教えてくれるガイドブックもロードマップもない。関係者全員、突然の悲劇で大混乱のなかでできるかぎりのことをするしかなかったのだ。

私はこれまで、さまざまな危機に各リーダーがどう対処するのか、その結果がどうであったのかを見る機会に恵まれた。1962年10月には核戦争のおそれさえあったキューバ危機が勃発したし、私個人は初めての下院議員選挙で、なぜか、ジョン・ケネディなる民主党候補と戦うはめになった。

1974年には駐NATO大使として、キプロス島の問題から一触即発となったギリシャとトルコの調停をしなければならなかった。その翌年には、フォード政権の一員としてサイゴン陥落によるベトナム戦争終結の日を迎えたし、ジョージ・W・ブッシュ大統領の国防長官時代にも、不時着した米国偵察機EP－3、1機と中国軍に拘束されたその乗員の返還問題や、アブグレイブ刑務所の捕虜虐待事件など、数え切れないほど多くの危機に関わった。ペンタゴン反対側が大爆発した揺れを私自身が感じた9・11同時多発テロもそのひとつである。

**自分が行かない道のほうが走りやすそうに見える**

——ダンカン・ハンター・シニア下院議員（カリフォルニア州選出、共和党）

戦争が毎回異なるように、危機も同じものはふたつとない。ペンシルバニア州立大学アメリカンフットボール部関係者による性的虐待の発覚と、たとえば、石油会社ＢＰの原油流出事故は大きく異なるし、それはまた、地方教会の金銭スキャンダルとはっきり異なる。だが、いずれの場合も、状況がどんどん変わり、先が読めない中で対応していかなければならない。そういうとき、現実を認識し、神に与えられた判断の才を活用するのがリーダーシップというものである。もちろん、よかれと思った判断がいまいちだったり、それこそまちがっていることもあり得る。

１９６２年、大統領に選出される少し前にリチャード・ニクソンが『Six Crises（未訳書：六つの危機）』という本を出している。ソ連の諜報活動をしていた米国人アルジャー・ヒスの取り調べや、「チェッカーズ・スピーチ」と呼ばれるテレビ演説をすることになった不適切な政治資金の疑いなど、ややこしく対応が難しい６ケースにどう対処したかが記されている。この本を読むと、このような危機に彼がどう対処したのかがわかるし、ニクソンは困難な事態にも対応できる問題解決型の人物であるとの印象を受ける。ニクソンとはそういう人だ。だが、その数年後のウォーターゲート事件については、してはならない例として危機管理の教科書に載せるのがふさわしい対応になってしまった。

危機管理の要諦は教えられるものなのだろうか。残念ながら難しい。あるケースに適した対応もほかのケースでは必ずしもいいとは言えなかったりする。確実な解決策があることはまずないし、どのような判断も批判や結果論から逃れられない。それでもなお、経験上、ここは考えておいたほうがいいという点がいくつかある。

## 直感を信じろ
## 成否は「完遂」力に左右される

最大のまちがいは、完璧な危機対応なるものがどこかにあると考えることだろう。リチャード・ニクソンが前代未聞の辞任に追いこまれ、ジェラルド・フォードが大統領に昇格したとき、前大統領に恩赦を与えるべきだと進言した人はいたとしてもごくわずかだったろう。だがフォード大統領は、ウォーターゲート事件でニクソンも国も十分に苦しんだと考えた。前大統領に対する「世紀の大裁判」を長期にわたって行う必要はない、と。フォード大統領を批判する人々も、いまは、あの判断は正しかったと評価している。

アメリカン航空77便がペンタゴンに突っ込んだとき、私は長期の危機対応計画をささっと策定できただろうか。当然、無理だ。建物が揺れた数分後、私は、どういう手順で対応すべきかを机に向かってメモるなどしていなかった。直感というか本能というかに従い、とにかく動いていた。最初は、なにが起きたのかを知ろうとした。続いて、けがで手当をしなければならない人がいないかの確認だ。それ以上の攻撃を受けないためにはどうするべきかを考えたのは、その後である。

大統領に説明しなければならない。情報はないに等しいが、とにかくあるだけ報告しなければならない。最新の情報を集めなければならないし、軍上層部と今後の対応を協議しなければならない。じっくり考えている暇など誰にもない。直感を信じるしかなかったのだ。

もちろん、直感に流されてしまうと都合の悪いことになり得る。1962年のカリフォルニア州知事選に敗れ、続けてその2年後、ジョン・F・ケネディとの大統領選に僅差で敗れたリチャード・ニクソンは、敗北会見でこう悪態をついた。

「これでもう、ニクソンたたきはできなくなりますよ。私にとって、これが最後の記者会見ですから」

ニクソンにとっては大きな危機であり、自分の政治生命は終わったと考えていた。落ち込んでもいただろうし、報道に足を引っぱられたのも確かだろう。だが、いらだちと怒りにまかせて言葉を紡いだのはよくなかった。次につながらないからだ。実際、この発言のせいで、このあと何年も報道界との関係が冷え込んでしまった。

2003年、サダム・フセインの政権が崩壊したあと、バグダッドで略奪が起きているという話をうけて、私は、「そういうこともあるだろう」と口にした。社会が大きく変わるときには略奪や暴動が起きるものだ、米国でさえそういうことがあった——そう伝えたかったのだ。だが、この言葉は、バグダッドでなにが起きてもかまわないと考えている証拠だとされてしまった。おかげで、このあとしばらく、苦労することになった。

## 操縦初心者のように「無理やりどうにかしよう」とするな 観測できるように流れから十分な距離を置くこと

第二次世界大戦で英国政府が掲げたスローガン、「あわてず、いつもどおりに」を、最近、あちこちでみかけるようになった。またかと、ちょっとうんざりするくらいだ。だが一理ある言葉でもある。危機の対応は、すべて見られている。家族だったり同僚だったり、あるいは、社員や株主だったり、国民だったり、地球の反対側にいる人々ということもあり得る。だから、リーダーは言動に注意しなければならない。

異常事態のときにリーダーがしてはならないことは、パニックになることだ。いや、パニックになっていると思われることと言ったほうがいいかもしれない。判断にも悪影響が出かねないし、この人についていけば大丈夫、道は開けると思いたい社員に不安が広がりかねないからだ。

1981年3月にロナルド・レーガン大統領が撃たれたあと、国務長官のアル・ヘイグが「大丈夫。指揮なら私が執る」と語った。大統領は当面仕事どころでないが、有能な人間が国の舵を取っているから大丈夫だと国民を安心させようとしたのだろう。だが、この発言は逆効果になってしまった。ヘイグは副大統領ではなかったし、退役軍人だと知られていたことから、不吉な発言だととらえられてしまったのだ。

9・11のときを思い出してみると、私自身も周囲もパニックになった人はいなかったと思う。大爆発でペンタゴンが揺れたとき、働いた本能は「集中」だった。やらなければならないことがある。この惨事にどう対応すべきかと我々に問う人々が大統領をはじめ大勢いる。だからあの日、ペンタゴンの人々は、問題から逃げるのではなく、問題に向かっていった。燃えているところに駆け込み、負傷者を助ける。大統領もすごく落ちついておられた。「ドン、もう少しでそこに行くから」とテロの2〜3時間後に言われたほどだ。

**社会について心配せずにいられるのは、19人がビル2棟を倒壊させて数千人を殺したけど、そのビルに何百人もが救助に飛び込んだからだ。毎日、この比率が頭に浮かぶんだ。**

——ジョン・スチュワート

情報の報告をうけ、今後の対応を検討するためペンタゴンの国家軍事指揮センターに行くと、換気口から煙が逆流していて、1〜2時間で部屋が使い物にならなくなった。だから、遠くの指揮センターに移動してくださいと言われた。たしかに、避難できる職員には避難してもらった。だが、我々はここにとどまるべきだ。私はそう思った。世界一の力を持つ軍の総本部は少数のテロリストによって機能停止に追いこまれたりしない、大丈夫なのだと示すことが大事だ、と。また別の危機、２００５年のハリケーン・カトリーナで、ブッシュ政権は、大統領の行動がどれほど細かくチェックされているのかを見誤ってしまった。まず、ハリケーン上陸から二日もテキサス州の自宅ランチにとどまり、ワシントンに戻らなかったと批判された。さらに、ワシントンに戻る途中、低く飛んで視察はしたが着陸しなかったことから、ニューオーリンズなどどうでもいいと考えているとの印象を持たれてしまった。必死の救援に使うべき資源を一部横取りしてしまうことになるから着陸はやめたのだが。それでも、快適な大統領専用機エアフォースワンから地上の惨状を見下ろす大統領というイメージが生まれ、対抗陣営にいいように使われてしまった。

## 難しいときに本性が出る

――エピクテトス

危機に際して大事なのは、なにが起きているのかわかっていて、予想外の展開になったら軌道修正できる人が指揮命令系統の下のほうにもいることだ。

ビジネスの世界にいた１９８０年代から１９９０年代にかけて、私は、政府存続計画なるものに関わっていた。核戦争などが起きても米国政府が生き残れるようにするものである。年に一度ほど、電話で呼び出しを受けて秘密の場所におもむく。集まった関係者は外部との連絡を絶ち、数日間、さまざまなシナリオのリハーサルを行う。

訓練と現実はもちろん大きく異なる。米国に対する攻撃のシミュレーションに参加するのと、実際にそういう攻撃を経験するのはまるで別物だ。現実は、情報は矛盾しているし、人々の声には不安がにじんでいるし、仲間がすでに死んでいたり、いままさに死のうとしていたりするかもしれないのだから。

9・11の日、米国史上初めて、政府存続計画が実行に移された。大統領はエアフォースワンで安全な空軍基地へ移動する。チェイニー副大統領はホワイトハウスの地下深くに設けられた堅牢な設備にもぐる。国防省の計画によると、国防長官の私はヘリコプターで安全な別サイトに移動することになっていた。だが私は行かず、かわりに、国防副長官のポール・ウォルフォウィッツを行かせた。私になにかあっても指揮命令に支障が出ないように、である。実は彼も行きたくはなかったのだが、それが責務であると従ってくれた。

存続をめざしてここまで大がかりなことをする必要は必ずしもないだろう。それでも、リーダーが不在のとき代わりに誰が指揮をとるのか、考えておくといい。CEOが動けなくなったり経営幹部が急にごっそり退職したりすることもないとは言えない。財務の幹部がスキャンダルに巻き込まれることだって考えられる。だから、それだけのためにでも、主要ポストには副官を配置しておくほうがいい。責任者になにかあったら、その仕事をすぐさま引き受けられる副官を。

## 第一報はまちがっていることが多い

危機のときは、矛盾する情報がふつうに入ってくる。だから注意が必要だ。慎重の上にも慎重を期して受け入れなければならないものもある。本当のところがはっきりするまで時間がかかるものなのだが、早すぎる段階で判断を下してしまうことが多い。

1975年、サイゴン陥落後の撤退に関する情報もそうだった。ヘンリー・キッシンジャー国務長官は、米国人全員がベトナムを出たと発表。だが、それを聞いたジム・シュレジンジャー国防長官から、ほぼ全員が出国したが、大使館守備の海兵隊が残っているとの情報がホワイトハウスにもたらされた。不正確なことを発表してしまったキッシンジャーはいい面の皮である。ともかく、我々は、フォード大統領を囲んで善後策を検討した。海兵隊が無事撤退できると信じて訂正しないか、それとも訂正して混乱を上乗せするか。

**どのような問題も、だいたい、80％まではわりとすぐに判明するが、残りの20％は最後までわからなかったりする。**

大統領首席補佐官だった私は、訂正を推した。
「この戦争は、うそやごまかしにまみれています。最後もうそで締めるのは避けるべきです」[8]
フォード大統領も賛成してくれ、ロン・ネッセン報道官が訂正の発表を行うことになった。
２００１年に同時多発テロが起きたあと、しばらくは、不正確な報告が次々と入り、国家安全保障会議もアドバイザーの文官・武官も大混乱になった。米軍が民間航空機を撃墜したという情報があった。国務省が爆破されたとの情報もあった。米国から韓国に向かった航空機がハイジャックされたとの報告もあった。今回の攻撃はサダム・フセインと関係があるのではないかとの話もあちこちのニュース番組が取りあげていた。これらはいずれも、のちに、まちがいだったとわかる。こういう情報が次々と入ってくる状態で、その精度をいちいち確認することなく、国を守る手だてを一つひとつ取っていかなければならなかったわけだ。全体像がはっきりするまで手をこまぬいていれば、手遅れになりかねない。

## 準備よければ対応よし

ブッシュ政権は、2期目が始まって10カ月くらいに襲ってきたハリケーン・カトリーナにより、残り任期3年の雰囲気が決まってしまった。報じられた連邦政府、州政府、地方政府の対応から、役に立たない、さすがお役所でへまだらけだ、トップもどうにもならない、マイノリティが困っても知らぬ顔らしいといったイメージが生まれてしまったのだ。実際は、大災害への対応でこれほど多くの資源をこれほどすばやく投入したことはなかったと言える。軍人2万2000人、予備役にあたる州兵4万6000人が派遣されたし、人道支援と復興支援の予算は850億ドルを超えている。だがそれ以上に災害の規模が大きかったし、州レベル、地方レベルの動きが悪すぎた。

もうひとつ、対応部署があの規模の災害を処理できるものでなかったことが挙げられる。対応は国土安全保障省の連邦緊急事態管理庁なのだが、ここは9・11の直後、すぐさまなんとかしろと議会に圧力をかけられて作った急ごしらえなのだ。その実力が初めて試されたのがカトリーナである。結果はだめだめだった。契約を結んでお金を払うくらいのことしかできない発展途上の段階であれほど大規模・苛烈な災害には対処のしようがなかった。

## 幸運は備えとチャンスの出会いから生まれる。
――ルキウス・アンナエウス・セネカ

一番の危機対応は、危機の前に準備を整えておくことだ。9・11のあと、私は、国土防衛担当国防次官補の新設を議会に求めた。これは好手だった。テロに限らず、地震、ハリケーンなど軍をすばやく動かさなければならない危機が国内で起きたとき、国防省レベルで対応できる部署ができたからだ。

もしかすると起きないかもしれない未来の事件に備えようとすると費用が問題になる。だが、どういう問題が起きうるのか、また、起きた場合にどう対処するのかを考えておくのは大事である。

最後にもうひとつ。おそらく一番貴重なのは経験だ。1983年のグレナダ侵攻で、米軍はみじめな経験をした。作戦そのものは成功したが、侵攻中、陸軍・海軍・空軍のあいだで連絡がうまく取れなかったのだ。調達が軍単位で、相互の連絡などあまり考えずに装備を用意していた。だから、海軍の通信機は空軍と少し違うし、陸軍はまったく違うものを使っていた。世界一の軍隊であるはずなのに、グレナダ侵攻では公衆電話を使うしかない始末だ。この経験をもとに、そのあと、陸軍、海軍、空軍、海兵隊で相互運用性を確保し、連携を強化する対策が進められた。

民間も同じだ。危機をどう克服したか、あるいはどう対応に失敗したか、ライバルの経験を研究するといい。原油流出事故を起こしたBPの幹部も、対応の参考にしようと、エクソン・バルディーズ号原油流出事故の対応ミスを研究していたのではないだろうか。航空会社は、墜落事故にどう対応すべきか、ふだんから準備を整えているものだ。ミスはなくせない。だが、前例のないミスだけにする努力はできる。昔のミスをくり返すのではなく。

## スピードは強力な武器だ チャンスをもたらしてくれる 相手の選択肢を狭め、早くにつぶすことができる

危機にすぐ対応すると、あまりのことにぼうぜんとしている人々にも自信を取り戻してもらえたりする。また敵やライバルがいる場合には、一歩先んじることができる。すばらしい例をひとつ紹介しよう。1982年秋、毒入りのタイレノールカプセルで7人が死亡する事件がシカゴで起きたときのことだ。

タイレノールを売るジョンソン・エンド・ジョンソンの対応は、事故から30年がたったいまも危機管理の模範例と言われている。同社は、すぐさま、全米でタイレノールをリコールすると発表。1億ドルからかかる話なのにである。タイレノールカプセルの製造は中止する、広告もすべてキャンセルする、消費者の手元にあるカプセルは、安全性が確認されたタブレットに交換する。そして、いま、市販薬に広く採用されているいたずら防止パッケージを開発した。

このとき大事だったのはスピードだ。ジョンソン・エンド・ジョンソンの製品はすべて危ないと世間に思われてしまう前に対処する。真剣に対処する気がない、あるいは、きちんと対処できる能力がないと世間に思われてしまう前に対処する。それができたから、株価も、1年とたたずに回復した。対応をミスればタイレノールブランドには消せない傷が残ったはずだし、

最悪、市場から消えていたかもしれない。だがいま、消費者は、この事件のことなど思い出しもせず、タイレノールカプセルを買っている。

逆にスピードがリスクになることもある。拙速で判断を誤ることがあるのだ。特に、鍵となる情報がまだなかったり検討が不十分だったりするとそうなりがちだ。たとえば9・11のとき。3000人からが死んだ大惨事に対し、なにかしろ、なんでもいいからやれとの圧力がブッシュ政権にかかった。ブッシュ大統領も同じ気持ちで、単に「砂をたたく」のではない対応を急いで考えろとのことだった。だが同時に、大統領は拙速の危うさも知っていた。戦略もなしに急いで対応したのでは、一部の文句言いは満足させられても、最終的に国民の支持を得ることはできない。目標を定めて計画を策定し、実行の準備を整えるにはそれなりの時間がかかる。他国の協力も取り付けなければならない。アフガニスタンの近隣諸国にも協力してもらう必要があるが、そのなかには、米国主導の作戦を支持してくれるかどうか予想がつかない国もある。だから危機に際してリーダーは、どういう対応をするのかだけでなく、どういうテンポで進めていくのかも上手にコントロールできなければならない。急ぎすぎても問題だし、急ぎ足りないのも問題なのだ。

危機的事態になると、不正確な情報が広まったり、不正確とは言わないが文脈から切り離された言葉だけが一人歩きしたりして、パニックにつながったりする。世間一般の人にも関係があるケースでは、機密性のないふつうの情報はメディアなどを通じて公表したほうがいい。なにがわかっているのかとともに、なにがわかっていないのかも知らせることが大事だ。

情報の公開には危険な面もある。実はまちがっていたとなったりしたら大変だ。危機に際し、よかれと思ってしたことであっても、まちがったことを口にすると、メディアも世間も容赦してくれない。

それでも、早めに情報を出したほうが最終目的を達成しやすいことが多い。ケネディ大統領はキューバ危機の対応で圧倒的な支持を得たが、そうなったのも、ソ連製ミサイルがキューバに次々運び込まれていることをアドレー・スティーブンソン国連大使が安全保障理事会ではっきり示したのが大きい。その前年、カストロ打倒を試みたピッグス湾への侵攻は失敗しているが、そのときもケネディ大統領は、なにがよくなかったのかをすぐに認め、責任は自分にあるとして、やはり、支持されている。

こういう話で一番有名なのは、アメリカ独立戦争の逸話だろう。給与の支払いを議会に拒否され、それなら反乱を起こすかと軍部に不満が募っていた。指揮官のジョージ・ワシントンが議会との交渉に奔走しても事態は改善しない。このままでは陸軍の反乱は不可避だ――そう言われたワシントンは、すべては自分の責任だと印象的なやり方で宣言する。反乱を訴える一派のところへ行き、陸軍がいまのようになっている責任は自分にある、事態の打開に全力を尽くすと宣言。続けて、議員にもらった手紙を取りだす。だが、手紙を開いたところで動きが止まってしまう。微妙な雰囲気のまま時間だけがすぎていく。どうしたのかとさすがにみんなが思い始めたとき、ワシントンが顔を上げた。

「あ〜、メガネをかけることを許してほしい。国に身をささげるうちに髪も白くなったが、目もあんまり見えなくなってしまったんだ」

目に涙を浮かべた聞き手もいたらしい。ワシントンはこれほどの犠牲を払って軍を率いている。その彼に背を向けるなどできるはずがない。みな、そう思ったのだ。

成功すればリーダーがたたえられることが多い。実際にはほかの人々の功績が大きかったとしても、だ。だが、称賛を手にするのであれば、責任を取る気概もなければならないだろう。自分の言動次第で失敗もあり得るという事実を直視できないのであれば、リーダーになる器ではおそらくないのだ。

## 重大な危機を捨てるなどもったいない

——ラーム・エマニュエル

バラク・オバマ大統領の初代大統領首席補佐官からシカゴ市長に転じたラーム・エマニュエルは、「重大な危機を捨てるなどもったいない」と語って一部の不評を買った。いくらなんでもと思う向きがあるのは承知しているが、一理あるのもまた事実である。危機が起きると、ほかのときならできないことを思い切ってやり、事態を改善できたりするのだ。予想もしないことが突然起きる。そのショックで現状を振り捨てることができる。急いで対応しなければならないから、決断の自由も大きくなるし、なにかを変えなければならないとの合意も得られやすい。

世界初の人工衛星をソ連に取られたことで、宇宙開発で負けつつあるとの空気が米国内に広がっていったときもそうだった。気持ちの問題ではあるが、これもひとつの危機である。そして私は、下院の科学宇宙航空委員会に加わった。10年以内に人を月面に降ろし、地球まで安全に連れ戻すとケネディ大統領が宣言した数カ月後のことだ。ほとんどむちゃぶりである。目の覚めるような成功をソ連が収め、世界的な覇権で米国の地位がおびやかされるという危機的状況でなければ、支持などされるはずもなかっただろう。

リンドン・ジョンソン大統領も危機をうまく使ったひとりだ。１９６4年8月にトンキン湾で米艦船が攻撃を受けたあと、大統領は、東南アジアに対する大統領権限の拡大を求めた。下院は４１6対0でこれを承認する。ベトナム戦争参戦の支持を取り付けたわけだ。

我々議員は大統領の求めに賛成票を投じたわけだが、そのほとんどは不安も感じていた。当時のメモにも書いているのだが、[9]私もそのひとりで、拡大解釈されることはないのだろうかと心配していた。実際、そのあと4年ほど、ジョンソン大統領はこの決議が記されたページを折ったものを持ち歩き、使えると思ったときには読み上げて最大限に活用していた。

２００1年1月、ペンタゴンに戻るときブッシュ大統領に言われたのは、国防省を作り変えてくれ、だった。即応性と柔軟性を高め、21世紀にふさわしい軍にしてくれ、と。産業化時代の組織を情報化時代の組織にしてくれ、と。

難題だった。議会も防衛産業各社も、国防省たたき上げの官僚も、それぞれ、異なる武器システムを推しているし、なにがなんでも既得権は守ろうとする。そこと真っ向からぶつかる改革を進めてくれというのだから。だが、幸か不幸か、9・11のおかげで、21世紀の脅威に対応する改革を進めることができた。国の安全がかつてない形でおびやかされている。どういう脅威がもたらされるか判然としない。そうなってしまったので、強硬な反対の大半がなりをひそめたのだ。

小さな組織のなかで起きるものであれ、国家間の紛争によるものであれ、危機には共通することがある。影響を受ける人とうまくコミュニケーションを取る力がリーダーに求められるという点だ。実際のコミュニケーションはメディア経由となることが多い。つまり記者によって事態の展開は大きく変わるのだ。

CHAPTER

# 8 取材対応

MEETING THE PRESS

初めて記者会見をしたのは1962年だった。連邦議会の下院議員にイリノイ州第13区から立候補したときのことだ。29歳だったが、もう少し若く見えたのではないかと思う。無名の新人候補。記者とカメラの前で話をする。カメラの向こうには数百人、もしかすると数千人がいて、その人たちに支持を訴えなければならない。初めての経験だ。緊張するなというほうが無理である。

人前で話をするのは、誰もが緊張するものだとよく言われる。私のやり方はごくシンプルで、難しい仕事をするときと同じだ。とにかくやれ、である。

選挙戦が始まって1~2週たったころだろうか、妻のジョイスと、選挙対策本部長をお願いした友だちのネッド・ヤノッタに言われてしまった——演説が下手だと。いわく、ポケットに手を入れている。いわく、集まってくれた人よりメモを見ている時間のほうが長い。いわく、マイクと口が近すぎる。

どんなことでも最初からうまくできる人はまずいない。練習でうまくなるのだ。ジョイスとネッドからも、練習しなさいと言われた。私たちが聞いてアドバイスするから、と。わかってもらえると思うが、これがなかなかにつらい。「まっすぐ座る！」「マイクに息が当たってうるさい！」「ポケットから手を出す！」などと言われつづけるのだ。まるで、芸を仕込まれるサルである。ちゃんとできたらご褒美にバナナがもらえ、失敗したら棒でたたかれるわけだ。でもおかげで、だんだんとうまくなっていった。

**伝えたいことが伝わるぎりぎりまで言葉を削れ
そして、なによりもまず、真実を語れ**
――ストーンウォール・ジャクソン

1000人に向かってにせよ、記者

記者の質問に対する答えは3種類しかない。
「わかっていて、これからお答えします」
「わかっているけど、お答えはできません」
「わかりません」だ。――ダン・ラザー

と一対一にせよ、人前で話すとき一番大事なのは、常に、自分にわかっていることを語る、だと私は思う。当たり前だと思うかもしれないが、実際には、なんとなくしか知らないことについてコメントして、質問されたとたんしどろもどろになる人が多い。こうなると、会場全体がいたたまれない雰囲気になってしまう。

自分の言葉で語るのも大事だ。リーダーにとって、人前で語る言葉ほど大切なものはない。であるのに、かっこいいスピーチをスピーチライターに書いてもらって、自分の時間を使わない人がいる。こういう人の話は味気ない。その人らしさが伝わってこないのだ。

## 最初の2段落を書くのに30分以上もかかるなら、テーマを変えるべきだ。

——レイモン・アロン

言葉で人を動かしたいのであれば、時間を投資しなければならない。原稿を作り、それを修正し、また修正し、書き換える。自分の言葉になるまでそれをくり返す。私はスピーチ原稿に手を入れる回数が多いので、部下が悲鳴を上げることがある。私が赤を入れた原稿を手にスピーチライターがこう訴えたこともある。

「長官、私が書いた部分なら好きに書き換えていただいてかまいません。でも、ここはペリクレスの引用です。ペリクレスの言葉を書き換えるわけにはいきません」

原稿を受け取って文章を確認し、ペンを走らせてから原稿を返した。ライターはぶぜんとした表情だった。原稿に「ペリクレスはこう言うべきだったのだ」と書きこんであったからだ。

## 情報源か標的——そのどちらかだ

——ロバート・ノバク

組織では、たいがい、幹部がメディアに対応しなければならないことがいつか起きるものだ。大統領や閣僚、議員に比べれば頻度は低いし扱いも小さくはなるが。それでも、事業の目的を広く伝えたり、製品や方向性をアピールしたり、うまくいかなかった件について説明したりするいい機会になり得る。政府関係者は国民に説明する義務を負っているので、記者と話をすることが多い。自分が「情報源」なのか「標的」なのか、その両方なのかで、これはメリットにもデメリットにもなり得る。

公人としてメディアと渡り合ってきた人間がこういうことを言うのは珍しいのかもしれないが、私は、メディアの人間が嫌いではない。まあ、その大半は、と言うべきかもしれないが。ジャーナリストは、基本的に、公益に資する仕事だ。汚職や悪事を暴く。運営がお粗末なところをみつける。世界を巡って戦争や動乱を報じる。ジャーナリストがいるから国民に十分な情報が届くわけで、健全な民主主義に欠くことのできない仕事である。記者は、昔からそういう大事な仕事をしてきている。文字どおり命をかけて、のことさえある。たとえば従軍記者アーニー・パイルは、第二次世界大戦の最前線を取材し、戦場で命を落としている。アトランティック誌の編集者、マイケル・ケリーも、イラク戦争の取材中に殺されている。ほかにも、挙げていけばきりがない。

9・11同時多発テロが起き、その後ブッシュ大統領が武力行使を命じたことから、国民に説明する責任が国防省にのしかかることになった。私も、毎週のようにカメラの前に立った。場所はペンタゴンだったり、軍事基地だったり、海外だったりしたが。国防省がなにをしているのかを伝えるのも大事だし、記者がなにを知りたがっているのかを知るのも大事だし、ときには、完全にまちがっていることを訂正するのも大事だと思ったからだ。もちろん、一番の目的は、伝えたいと思っている情報を伝えることだ。記者会見の前には、その日のニュースを確認しておく。関連の質問が来ることもあり得るからだ。だが、伝えなければならないことを伝えるのが先決である。だから、記者会見では、用意した短い原稿を読み上げてから質疑に入ることにした。記者は、もちろん、我々が書いてほしいと思うことについてではなく、彼らが書きたいと思うことを聞いてくる。

このような経験を通じて、私は、網の目のようにつながったいまの世界でリーダーが対応しなければならない相手のひとつとしてメディアをとらえるようになった。そして、メディアとの付き合い方を編み出していった。

ジャーナリストという人たちは、基本的によく勉強しているし、好奇心が旺盛だし、新しいことを知りたいと思っている。付き合い上手でもある。ただし、愛想のよさにだまされてはいけない。コーヒーをはさんでなごやかに話をした翌朝、一方的な一面記事をたたきつけてきたりするからだ。記者が寄ってくるのは友だちづきあいがしたいからではなく、情報や特ダネが欲しいからだ。そういう仕事なのだ。

メディアをたたくのはいくらでもできるし、そうすべきときもあったりはするのだが、影響力のある重要な仕事をしている彼らに不満をつのらせたり、そういう感情を表に出したりしても、いいことはあまりない。

ジョンソン大統領とニクソン大統領は、大変な時期にメディアとよく敵対していた。いいことなどなく、言いたいことが伝わりやすくなるということもないというのに。ジョンソン大統領は、「ポトマック川の水面を私が歩いたら、夕刊には『泳げない大統領』という記事が載るんだろうな」とまで言ったとされている。また、ベトナム戦争の報じられ方に反発し、その結果、政治家として許されない大罪を犯したと批判されてしまった。メディアをミスリードしたというのだ。ニクソン大統領は、政敵ジョン・F・ケネディとの違いについて、ワシントン・ポスト紙の大物編集者ベン・ブラッドリーに「ケネディは新聞記者が大好きで、ジャーナリストとの論争を心から楽しんでいること。その一点に尽きる」と書かれたりしている。

ジョン・F・ケネディは記者を好ましく思っていたし、それも、好意的な報道をしてもらえた一因だろうと私も思う。対して、メディアは不愉快だと敵対したニクソンは、ことあるごとに足を引っぱられてしまった。ニクソン大統領はメディアに限らずなにかと敵認定してしまうところがあって、そのあたりが判断のミスにつながったこともあるのではないだろうか。

民間にも政府にも、記者と話をするのが苦手な人や、何回か血祭りに上げられてメディアぎらいになった人がたくさんいる。そういう人は、気に入って信頼している記者としか話をしない。だが、それでは話ができる相手がだんだんと減っていく。そして、いつか、メディアともっといい関係を築いておけばよかったなと後悔することになる。

## 相手の反応は、こちらの鏡である
――ネルソン・ロックフェラー副大統領

いわゆるアウトリーチが重要であることを、ニューヨーク州知事と副大統領を務めたネルソン・ロックフェラーが教えてくれた。人の本質とでも言うべきものと関係があり、メディアを含め、人と接する際に覚えておいて損のない話だ。

大統領専用車に乗っていたときのことだ。リムジンに乗るフォード大統領の姿をひと目見ようと、道の両側には5列から6列も人が詰めかけていた。我々が乗るオープントップのコンバーチブルは、シークレットサービスの警備車両の後ろだ。ロックフェラー副大統領がこっちを向いた。分厚いメガネが鼻に乗っている。

「見ててごらん?」

そう言うと、副大統領は片手を挙げ、集まった人に向けてかすかに振る。それなりの人数が気づき、同じように軽く手を振ってきた。

「こんどはこれだ」

手の振りが少し大きくなる。沿道から、そっくりな手の振りが返ってきた。

「こんどはこれだ」

体の向きを変え、両手を挙げて大きく左右に振る。沿道から、まったく同じ動きが返ってきた。

続けて、副大統領は立ち上がると、身を伸ばす感じで大きく手を振る。満面の笑みだ。これにはさすがに驚いたが、今回も、沿道から同じ動きが返ってきた。手の振りが速いものだから、沿道の人が持つ米国旗がちゃんとは見えないほどだ。沿道は大熱狂である。

副大統領は満足げにシートに戻った。

「ダン、わかったかい? きみがどこまで手を伸ばしたか、それに比例する反応を人々は返してくるんだよ。相手の反応は、こちらの鏡なんだ」

ホワイトハウスの会議など、周囲の目がないところでロックフェラー副大統領はすさまじく怖かったりする。それでも、長年にわたり政治家としてあれほど成功できたのは、こちらが手を伸ばせば相手も手を伸ばし返すことが多いと知っていたからだろう。

２０１１年、私は、回想録『真珠湾からバグダッドへ』を出し、その販売促進活動をすることになった。

そんなことをすれば、議論の多い件についていろいろ聞かれるであろうことはまちがいない。この人やこの人はお断りしたほうがいいなど、アドバイスしてくれる友だちもいた。厳しい質問でいじめられるとわかっているのだからというわけだ。ジョン・スチュワートの「ザ・デイリー・ショー」から出演の依頼が来たときも、遠慮しとけという話があった。たしかに、コメンテーターのスチュワートはブッシュ政権シンパと言いがたい。だが、過去の番組をいくつか見たところ、突っ込みはするどいけれど、頭のいいまじめな人物であるのはまちがいない。だから、ロックフェラーの法則を使ってみることにした。

こんなことを書いてスチュワートのキャリアに傷がつかなければいいのだけれど……でもともかく、「ザ・デイリー・ショー」は、これほどおもしろく、楽しめたテレビコメンテーターとの対話はそうないと思うものになった。そこまで、あちこちからゆうに二桁は取材を受けていたのだが、私の本を読んでもいないのがわかってしまうことが多かった。有名ジャーナリストでもそうなのだ。スチュワートは違った。じっと耳を傾けてくれる。質問は、よく調べてよく考えてあるとわかるものだった。ユーモアもいい感じにちりばめられているし、罰当たりな言葉もときどき飛び出すが。ともかく、彼の番組に登場したことで、私は、幅広い人に語りかけることができた。はっきり言えば、夜のニュースを見る層より若い世代に、だ。

なんだかんだとあげつらい、人間性や物の見方をたたいてくるだけの人もいる。たぶん、放っておくのがいいのだろう。ともかく、そういう人は例外だ。保守派や共和党にも、もう少し厳しく当たってくる方面にも顔を出したほうが、幅広い人に訴求できていいと思う。逆にリベラル派や民主党はＦＯＸニュースなどに出てこない。それは、彼らにとってもいいことではないし、そういうニュースを見る人々にとってもいいことではないと思う。自分と視点が異なる人と意見を交換したほうが、我々にとっても、また、それを聞いている人にとってもメリットがあると思うのだ。

何十年か前には、いや、ほんの数年前でさえ、コメディ・セントラルという名前のケーブルテレビネットワークでまっとうな政治の議論が行われるなど想像もできなかった。いま、米国では、意見交換の窓口となり得る場がどんどん増えている。情報源なら無限と言えるほどあるし、リアルタイムに近いものも多い。デジタルカメラからユーチューブ、トークラジオやスカイプ、ブログもあるし、さらには、１日24時間年中無休のテレビ番組やラジオ番組も数え切れないくらいある。いずれも新しいものだ。３大テレビネットワークと大手新聞数紙という門番がふるいにかけたものしかニュースにならなかったころに比べれば、ずいぶんといい時代になったものだと思う。

## ネガティブな報道は事実無根と限らない
## そういう報道があったら、胸に手を当てて考えてみよう

メディア体験は、ビジネスの世界と政治の世界で大きく異なる。テレビでつるし上げられるなど、CEOは経験しないのがふつうだ。2010年、BPがメキシコ湾で原油流出事故を起こした際などの例外を除けば、企業トップは、たいがい、全国放送の記者会見などせずに勤め上げることができる。企業幹部にとって、見出しに取りあげられないのは、おそらく悪いことではないはずだ。

だが、企業幹部は、ジャーナリストとは違う専門家に対応しなければならない。業界や企業の動きに目を光らせ、気づいたことを投資家に知らせる証券アナリストだ。彼らは、その業界や企業の専門家として金融系メディアの取材を受けたりもする。

1977年、私が迎えられる少し前、そういうアナリストを大勢集め、サールの広報担当者が話をしたことがある。そのとき語られた予測が外れたことから、アナリストの一部は、ミスリードされたのだと考え、批判的なレポートを書くなどした。当然、株価は下落する。

そんなことがあれば、上層部は、批判記事が増えることを恐れ、アナリストと距離をおこうとしがちだ。私は逆だった。サールの経営に携わるようになると、まもなく、そういうアナリストを、シカゴのちょっと北にあるイリノイ州スコーキーの本社に招くことにした。ただし、

まとめてではなく、個別に来てもらった。私や会社幹部がアナリスト一人ひとりの疑問や懸念に向き合えるように、である。

来訪したアナリストには、まず朝一、COO（最高執行責任者）のジョン・ロブソンとCFO（最高財務責任者）のジム・デニー、私の3人がコーヒーをはさんで会い、サールの戦略を説明するとともに、質問があれば受け付ける。続けて、聞きたいことがあればなんでも聞いてほしいと各部門のトップに引き合わせる。さらに、どういう役職の誰とでも話をしてくれと社内を自由に歩き回ってもらった。条件はひとつだけ。最後に我々幹部ともう一度会い、コーヒーを飲みながら、我が社のどこがどう優れていてどこがどうよくないのかを教えてくれること、だ。アナリストは、ある意味、調査報道の記者であり、鋭い観察者である。だから、我々自身でさえ気づけていない点にも気づいて教えてくれるかもしれない。誤解があれば正し、それはこうなのだと説明することもできるはずだ。

大組織では、メンバー全員と話をするなど不可能だ。嗅覚の優れた外部の人間のほうが、上層部より早く、問題の芽に気づくこともある。

ペンタゴンでも私は同じようにした。国防省は巨大な組織であり、国防長官といえど、そこで行われていることのごくごく一部しか知ることはできない。対してペンタゴン担当記者は独自の情報網を駆使して、国防長官よりずっと早く、火種に気づいたりする。それは、国防省にとっても国民にとってもありがたいことだと言える。

それもあって、私は、国防省に関する報道をまとめた「アーリーバード」を読むのを毎朝の日課にしていた。気になるものがあれば、余白に指示を書き、担当の部署や広報部門に調査を命じる。おもしろいと思うコメントやこれはどうかと思うコメントが報じられていれば、すぐ電話をかけて話を聞く。事実と異なる書き方があれば、次の機会に、それについて一言、二言、その記者向けに話をしたりする。

ＮＦＬで活躍したパット・ティルマンの死に関する真実が明らかになったのも、記者のおかげという面がかなりある。２００４年４月、ティルマン伍長がアフガニスタンで死んだとき、私の手元に届いた第一報には、タリバンとの戦いで戦死したと記されていた。陸軍から勲章も贈られている。だが、その後、そういう状況ではなかったことが判明する。実は、同じ部隊の誤射で死んでいたのだ。その事実はなかなか表に出てこなかった。同じ部隊の人間や陸軍上層部には真実を知る者がいたはずなのに、である。彼の家族も、さらには米国民も、真実を知りたいと思うのが当然であり、その真実を明らかにするにあたり、報道は大きな役割を果たしてくれた。

## まちがった前提で質問されたら放置しない
## 適切に言い換えよう

質問されたとき、そこに含まれる前提や議論には突っ込まず、そのまま受け入れてしまうことが多い。人とはそういうものだ。そして、当然ながら、記者は、自分の求める答えが得られるように質問してくる。だが、その質問に論点が隠れていることがある。こちらに有利な論点が潜んでいることもある。いずれにせよ、それを受け入れてしまうと、後々、しっぺ返しを食うはめになったりする。

腕のいい記者はあおるのも上手だ。どう問えば、ありきたりでない回答を引き出せるのかをよく知っている。なかには、取材相手が守りに入るような質問をする記者もいる。

## 都合のよい議論はその場しのぎで、後々、しっぺ返しをくらうことが多い。

そういうとき、私は、こういうことをお尋ねなのですねと、正確・適切だと私が思う前提で言い換える。こうすれば、事実に基づく回答ができるからだ。

1965年、保守系の作家でコラムニストのウィリアム・F・バックリーがニューヨーク市長選に打って出た。私は、ニューヨークに行ったとき、風変わりな彼の選挙戦が報じられているローカルニュースを見る機会があった。話がとてもうまい人だ。理知的で舌鋒《ぜっぽう》鋭く、難しい言葉もちりばめられているのにユーモアもある。彼は、保守という言葉が一番似合わない都市に保守政権を打ち立てようとしているわけだ（当選したらどうしますかと尋ねられ「再集計を求める」と切り返した話は有名だ)。このニュースでバックリーは、記者から、支持者を取材したところ、ニューヨークから黒人を追い出してくれるのでバックリーを応援していると言ってましたがと問われていた。

バックリーは冷静に、次のような言葉を返していた。

「そうですね、今朝、たしかにあなたは私の支持者に取材をしたとしましょう。そして、いまあなたが言われたような形で質問をしたところ、その人物が、あなたの言われたとおりに答えたとしましょう。そしていま、あなたは私に『これをどう考えますか』とお尋ねになっているわけですね」

一瞬の間ののち、バックリーは調子を変え、一喝した。

「好きにしろ、だ。そんなん欲しくないし、そんなんいらんわ!」

## 説得は理と情、諸刃の剣だ。刺し貫け。

——ルー・サレット博士

この光景は、何十年たっても忘れることができない。ドラマチックで訴える中身があり、心が動く一言だ。まず、記者が事実を述べているのかに疑問を投げかけ、自分を困らせるための作り話かもしれないことを示唆しているのもさすがである。

この件から思い出してしまうのは、義理のおじ、ルー・サレット博士である。詩人で本も書いている大学の先生だ。声がとてもすてきだったことをよく覚えている。その彼に、昔、「説得は理と情、諸刃の剣だ。刺し貫け」と言われたことがある。ほかの人に興味を持ってもらったりその気になってもらったりするには情が必要だ。だが、その状態を保つには理がなければならない。議論では、理と情、両方を忘れないこと。

## 正しく報じてもらうために取材は録音する

取材が記者と1対1のとき、私は、必ず録音することにしている。あとで内容を確認できるように記者にも録音をお願いすることが多い。2回目の国防長官時代には、記事が出たら取材時の会話を国防省のウェブサイトに公開することにしていた。そうなるのは記者も知っているので、私の言葉の引用には特に注意を払ってもらえたのではないかと思う。

こうしていてよかったとつくづく思ったのが、ボブ・ウッドワードの取材を受けたときである。取材に応じてくれとホワイトハウスのスタッフから連絡があったときに断り、ブッシュ大統領からのお願いだと言われてしぶしぶ了承したのだが、その結果、ジョージ・W・ブッシュ政権に関する3冊目の本で、言っていないことを言ったことにされてしまった。

このときも、本が出版されるのに合わせ、我々は取材の会話全文を公開した（そうするとウッドワードにも伝えてあった）。それを本と付き合わせたブロガーがいて、「ウッドワード氏がしているのは『史実を記す』ではなくて『お話を書く』であり、ジャーナリストとして集めた素材もお話に合わせて都合よくあちこち書き換えている[10]」と断じてくれたのだ。

## 事実を明快に語る以上の説得はない

この世は意見、専門家の見解、予言であふれている。だが事実をはっきり述べれば、臆測を排除できる。時間とともに状況がどんどん変わっていく場合には、これが特に大事である。

世界最大の複合企業として名を馳せた当時、ＩＴＴのＣＥＯを務めていたハロルド・ジェニーンの言葉を紹介しよう——「争う余地がないと言いたいとき、『事実』以上に強力な言葉はない」だ。続けて、これほど誤用される言葉もあまりないとも指摘している。ニュースでも日常会話でも、「明らかな事実」とか「想定された事実」とか「我々が知る事実」といった表現をよく耳にする。だが、こういう「事実」は、のちにまちがいだったと判明するのがふつうである。

記者会見で私は、質問の形で意見が述べられたり「国民の総意」などと言われたりするたびに「それはこういうことですね」と正すうるさ型として知られている。現実はもっとややこしいことが多いのだ。

## 信用は馬に乗って去り、歩いて戻る

自分の企業や組織について微妙に不正確なことが書かれたときどうすべきかはリーダーにとって悩ましい問題だ。それがいい方向や都合のいい方向のまちがいであってもである。原因は、組織内からのリークだったり、記者の単純なミスだったりするだろう。いずれにせよ、不正確な情報を放置するのはよくない。記者に提供した情報が不正確だと、信用が失われていく。まちがいは急いで正すこと。できれば1時間以内に。

ペンタゴンでは、私がおかしなことを言うと、同席している人間は割って入って訂正するか、私が自身ですぐ訂正できるようにメモを渡すかすることになっていた。そんな恥をかきたくないと思う人もいるだろうが、まちがいが新聞やテレビで報道されてしまうのに比べればたいしたことではない。

信用というものは、得るには何年もかかるが、失うのは一瞬だ。記者をミスリードしたとの批判を避ける一番の方法は、「わかりません」と答えられるようになることだろう。取材を受ける立場にある人は、この一言を言えるようになっておくべきだ。これが言えれば肩の力が抜ける。うそつきだとかごまかす人だとか思われるのに比べたら、すべてを知っているわけではないと思われたほうがずっといい。

知っていることをなんでも語るわけにはいかない場合もある。たとえばイエメンにおけるC

報道に心を奪われるのも報道を恨むのもやめよう。記者には記者の仕事があり、
自分には自分の仕事があるのだから。――ジョイス・ラムズフェルド

ＩＡの機密活動についてペンタゴンの記者会見で尋ねられたとき、私は、「どうしたら答えずにすむか、苦労しているところです」と返した。同様に、イラクに侵攻する可能性があるかと尋ねられたときも「その件についてなにか知っていて答える人はいませんし、多少なりとも分別があって答える人もいません。つまり、この件についてなにかを語る人々は、なにも知らないし、分別もあまりないことになります」と答えた。

ある国で軍事作戦を展開しているかと記者に尋ねられ、実際に展開中だったりその可能性があったりした場合、ラザー式回答のひとつ、「わかっているけど、お答えはできません」は肯定ととらえられるのでまずかったりする。一番いいのは、そうならないように予防線を張っておくことだ。だから、表だってどうこう言えない作戦については質問に答えないと最初に宣言するようにしていた。国防長官として、制服組を危険にさらしたり彼らの仕事を難しくしたりするようなことは言えないし、できないからだ。

残念ながら、このように考えない人もいる。そういう機密情報を知る立場にあり、かつ、それをジャーナリストに流すのは問題ない、あるいは、流したほうがいいとなぜか考える人がペンタゴンにもその他の政府部局にもときどきいるのだ。だがそれは犯罪だ。公務員の倫理にもとる行為だし、国のために働く人々を危険にさらす行為である。機密情報を漏らした人はみつけて罰するようできるかぎりのことをしてきたが、成果はあまりあがらなかった。

## 夜のニュースで取りあげられたくないことは言わない、やらない

自分の行動も組織の行動も、いつか必ず世の中に知られる日が来ると考えておくべきだ。職場が官公庁でも民間でも同じこと。ツイッターやフェイスブックにいらぬことを書き、恥をかいたり叱られたり、それこそクビになったりする人が出ない月はまずない。夜のニュースで報じられ、多くの人に見られてもいいと思えることでないかぎり、口にするな、ツイートするな、スカイプやユーチューブにアップロードするな、である。一番いいのは、そんなことをしようと考えもしないことだ。

## 記者相手に「オフレコ」はあり得ない

出張時など、少人数のペンタゴン担当記者団と「オフレコ」で話をすることがある。背景情報については、そういう形のほうが伝わりやすいからだ。締め切りや報道のタイミングといったことを気にせず、幅広いトピックについて、大人数相手にカメラやテープが回っているときよりざっくばらんに話ができる。

私が知るかぎりそういう話が記事になったのは1回だけで、ここからペンタゴン担当記者のプロ意識がわかるというものだ。ともかく、オフレコだとはっきり宣言されていても、記者はいろいろと心中にメモ書きをしているはずだし、その一部は、私が情報源だとは書かれないかもしれないが、背景情報として記事になったりする。だから「オフレコ」なら表に出ないと思うのはまちがいと言うべきだろう。公式の記者会見で「口にすべきでないことを言っていたら、それはすべてオフレコですから」と言ったことがあるが、これが冗談になるのはそういうことだからだ。特に情報化時代のいま、「オフレコ」などあり得ない。

**記者が事実を求めていると考えるのは戦略ミスだ**

――ピーター・シューメイカー大将

1963年のジョン・F・ケネディ暗殺直後、犯人のリー・ハーベイ・オズワルドは極右だとさかんに報じられたことを覚えている人もいるだろう。だが、のちに明らかとなったように、オズワルドはソ連に住んでいたことがあるし、配偶者はソ連人だし、共産主義のキューバにもしばらくいたことがある。右派ではなく、ソ連シンパの左派であると考えるべき証拠が山のようにあったわけだ。

## 事実を検証したら記事はどれもだいなしになる。

——シカゴの記者

なんともひどい誤報だったわけだが、あの時代は全国紙が数紙にニュース番組も三つ、四つしかなく、訂正も容易だった。いまは、不正確な情報やまちがった情報もインターネット上にいつまでも残るし、訂正を見聞きする機会がなくそのまま覚えてしまう人もたくさんいる。だから、いま、報道界には「事実確認」専門の記者がたくさんいる。彼らは公人の言葉を細かくチェックし、まちがいがあれば記録する。それはかまわない。チェックされる立場にいる我々も、そうであるべきだと考えている。だが、記者やブロガーが大局を見誤った場合はどうなるのだろうか。事実確認する人の事実確認は誰がするのか。誤情報が年単位で流れ、人々の暮らしに悪影響を与えることも考えられる。

## 本当でないことなら、新聞に山ほど載っている。

――トーマス・ジェファーソン

国防長官時代、グアンタナモ湾収容所で米軍兵がコーランをトイレに流したと、著名ジャーナリストの署名記事がニューズウィーク誌に載ったことがある。世界中のイスラム教徒が反発し、関係のない人も暴動で殺される大騒ぎになった。その後、情報は誤りだった、このような記事を掲載したのは遺憾の極みであるとの声明がニューズウィークから出た。命を落とした人やその家族にとっては慰めにもならないと思う。なお、この誤情報を報じた記者も関係者も、のうのうと仕事を続けている。

## 真実が靴を履き終えるころ、うそは世界の反対側まで旅している

――マーク・トウェイン

戦時には、誤解を招く報道や不正確な報道、拙速な判断の問題が強く出てしまう。大手メディアの報道は、国民、軍人、外国の政府関係者、そして敵にも、ほぼ同時に届くからだ。米国はジョージ・W・ブッシュ政権で初めて21世紀の戦争を経験したわけだが、その結果、情報化

時代に対応できていないことが明らかになった。

第二次世界大戦中、米軍の侵攻具合は、新聞記事の地図に示されたピンを見て、何週間か遅れで知るものだった。ラジオ、新聞、あとは映画が上映される前に流れるニュースくらいしか知る術はなかったのだ。だから、人類史上最悪の戦争という恐怖は目に入らないことが多かった。テレビはまだなかったし、軍がどう展開しているのかを隠し、兵を守るために、写真や報道、軍人からの手紙は検閲されていた。

いまは状況がまるで違う。写真も言葉も交戦地帯からインターネット経由で山ほど世界に流れる。デジタルカメラで撮られた1枚の写真が兵の士気に影響したり、反動で敵の支援を増やしたり、国内世論の支持を揺るがしたりするし、戦争の行く末にさえ影響しかねない。敵が米軍を攻撃している映像をスマートフォンからユーチューブにアップロードし、ほぼリアルタイムで大勢に見てもらうことも可能だ。

アメリカ独立戦争は連戦連敗で植民地軍は士気をなくしていてもおかしくなかったわけで、当時、従軍記者がいたら独立革命が成功する可能性はゼロに等しかっただろう。１９４４年、ノルマンディーの海岸やフランスらしい低木の茂みで戦う米軍の様子がビデオカメラにとらえられ、本国に送られていたら、連合国の侵攻に批判が巻きおこり、おそらくそれ以上の進撃は中止ということになっていただろう。

選別なしの情報や画像があまりにたくさん提供されると胃もたれを起こしかねない。アフガニスタンやイラクの紛争では、消化しきれないほど大量の情報が流れてきた。なにごとも過ぎたるは及ばざるがごとしである。報道機関が取材した正確な情報もあった。状況から切り離されていて誤解を招きかねない情報もあった。敵軍が流したウソ八百をアルジャジーラなどの報道機関がそのまま伝えるケースもあった。

このような事態に対処する力はいまの米国政府にない。世界は1日24時間年中無休で動いているのに、公式の記者発表は何十年も前から変わらず1日8時間の週五日営業である。ブッシュ政権は、正しい情報を発表するよう特に注意していたし、語った内容にまちがいがあれば、当然ながら、さんざんにたたかれた。対してテロリストは、米国や軍部についてウソを広めることを主眼にメディア対応をしていた。我々は事実確認をしないと反論できないので、くり返し後れを取ってしまった。

英国首相マーガレット・サッチャーの言葉を紹介しよう。

「我々政治家はジャーナリストの仕事をじゃませず、同時に、我々がどう仕事をすべきかをジャーナリストのみなさんに語っていただくという昔ながらのやり方は妥当なものだと私は考えております。これは本当にいらいらすることが多いのですが、議会制民主主義には欠くことのできないやり方ですから」

これはいまも正しい。だが、両方とも説明責任を果たすなら、という条件をつけるべきだろう。

読者、視聴者、リスナーの注目を集めたいと記者や編集者、発行人が思うのはわかる。だがいまのジャーナリストは報道一番乗りばかり気にして、事実の確認や証拠の収集にかける時間が短くなりすぎていると思う。

偏見から問題が大きくなることもある。2012年、コロラド州オーロラの映画館で起きた銃乱射事件の犯人についてティーパーティ運動と関わりがあるといいかげんな報道をしたABCのブライアン・ロスなどいい例だろう。そうなのだといまだに信じている人が一部にいるし、それを言うなら、9・11は米国の自作自演だと書き続けている人もいるし、バラク・オバマ大統領は米国の市民権を持っていないといまだにくり返している人もいる。

正確であることよりも速さを求めてしまうのは、いまのメディアが抱える深刻な問題のひとつである。視聴率や読者数、各種の賞、給与、名声、利益、賞与などのニンジンにより、センセーショナルな記事をほかに先駆けて出せという圧力が現場にかかっているのだ。だが、正しい事実を報道する責任をメディアが負わないというなら、それをどこに求めればいいのだろうか。責任を果たさないメディアには罰を下すべきではないのだろうか。問題を何日も放置したあげく、目立たないところにちょろっと訂正を出す程度ではなく。

実のところ罰はある。うその報道や拙速な判断、一面的な報道をするたびジャーナリズムという職業にバツ印が付く。そして、そのメディアに対する信頼が失われ、読者などが去っていく。

うそを報じたり世の中をミスリードしたりしようと記者になる人はまずいない。それはわかっている。ほとんどは、国民の知る権利を満たしたい、悪事を暴きたい、そうやって誇れる仕事がしたいと思って記者になる。個別にはいろいろと思うところもあったりするが、束縛のない自由な報道は大事である。権力を握ったら独立系メディアをつぶすのが独裁者の定石だ。我々が忘れがちなこと、すなわち、民主的な政治を支えているのは釣り合いが取れる形で正しく機能しているメディアであること、また、ジャーナリズムというのは高潔なる職業となり得ることをよく知っているからだ。

CHAPTER 9

# レスリングの教訓

WHAT WRESTLING CAN TEACH

ジョン・ウッデンは、右に出るものがいないとまで言われるほどの名コーチである。UCLAのバスケットボールチーム、ブルーインズを12年で7連勝を含む10回も全米制覇に導いた秘訣を尋ねられた彼は、ある意味しごく当然ながらある意味深遠な一言で答えた。規律を重んじたというのだ。

**みずからを律すれば、他者が自身を律するか否かはどうでもよくなる。**

——ジョン・ウッデン

ウッデンのチームは、全米大学体育協会の所属チームでも一番厳しい練習を一番長くしていたはずだ。レイアップシュートを失敗したら、全体練習が終わった後、スプリントをくり返すなどもしていたことだろう。だから、のちのＮＢＡのスーパースター、カリーム・アブドゥル・ジャバーなど、ウッデンが教えた選手は、みな、調子を最高に保てていたのだと思う。彼らが学んだ教訓は、バスケットボールだけでなく人生にも応用できる。つまり、努力は裏切らない、だ。なにごとも十分に努力すればうまくなれると言ってもいいだろう。

もちろん限界がある。私が毎日練習したところで、カリーム・アブドゥル・ジャバーの足元にも及ばないのは明らかだ。実は高校でバスケットボールのチームに入ろうとしたことがあるのだが、背も低すぎれば敏捷《びんしょう》性も足りないしでチームに入れるレベルではまるでなかった。それでも、自分の興味や才能に適した趣味やスポーツ、天職というものが誰にでもあるはずだ。私はレスリングだった。

官民における私のあれこれをまとめようとする際、高校から大学、海軍まで続けたレスリングに注目する人が多い（なんだかんだおもしろいと思われてもいるようだ）。戦った相手を探し、私の戦い方を批判する言葉を引用するのだ。たとえばニューヨーカー誌は「ラムズフェルドはさっとテイクダウンを取ることで知られていた」などと報じてくれた。マッチョな男が体当たりしたり相手をマットにフォールしたり、そういうイメージが欲しいのだろう。レスリングの戦い方でいまも仕事をしていると言いたいのかもしれない。そんなことはまったくないのだが。

私は14歳のときレスリングを始めたのだが、別に、それから60年も70年もの仕事人生における指標が欲しかったからではない。世界について語れるスポーツとして選んだわけでもない。ほかのことと同じくらいなら、レスリングからも教訓は引き出せるのだろうが。

私がレスリングを始めた理由は、もっと現実的でもっと平凡だ。レスリングは体重別で戦うので、私のように堂々としているとは言いがたい体格でもなんとかなるのではないかと思ったのだ。ほかのスポーツと異なり、自分に近い体格の人を相手にすればいいのだから。だから高校に入ったとき、練習をしたことも経験もないのにレスリングの校内試合に参加した。

時間こそ短いが体に負荷がかかるという意味でレスリングの試合に並ぶスポーツはあまりないのではないだろうか。練習が終わると、耳は腫れているし、マットで擦り傷だらけだし、あちこち打ち身になっているしという具合だ。ともかく、やってみると、そこそこ強くなれたし、おもしろくもあった。そこからなにか教訓を引き出すとすれば「自分に適したもので上に行く努力をすべし」だろう。エイブラハム・リンカーンは190センチメートルと長身だ。騎手で成功は望めない。リンカーンが選んだのはレスリングだった。長いリーチが生きるスポーツである。

自分に合うものをやれというのは、当たり前すぎるアドバイスに思えるかもしれない。だが実際のところ、自分に合わない仕事や職業で苦労しつづける人が意外なほどいる。どう見ても違うだろうという方向に進もうとする芸術家や俳優も少なくない。細かなことなどどうでもいいタイプなのに弁護士になったり、数字が苦手なのに会計士になったりして、結局、残念な思

やるからには一流になれ。――エイブラハム・リンカーン（レスリングのナショナルチャンピオン）

いをする人も後を絶たない。

**レスリングに比べれば、**
**人生なんて楽に感じるものだ。**

――ダン・ゲーブル

私は体こそレスリング向きだったが新参者で、技術も経験も不足していた。だから、もっと練習し、もっと厳しいトレーニングをしなければならない。トーナメントにもなるべく出場して強い人と戦い、彼らからできるかぎり学ばなければならない。経験と才能の不足は根性で補わなければならない。そう私は考えた。

仲間に「練習の虫」だと言われたこともある。特にうまいわけではないが、とにかく負けず嫌いだ、と。だから、とにかく練習する、ほかの人の動きを観察する、新しい動きを試すなどしところに示しておきたいの。男子、これを目立つところに貼りなさい」

一番背の高い男子メンバーはよっさんである。彼は進み出て紙を貼った。２ＬＤＫのそう広くは無い部屋は、これから担う仕事の大きさを思うと、広大無辺のフィールドにいるように感じられた。

よっさんは鴨居の横に一本の釘を打ち、携帯式破談探知機のストラップをひっかけた。

「ここにぶらさげておけば、俺がこの部屋にいる限り受信します」

「あ、柱に穴を空けちゃった」堀田は顔を引きつらせた。

「とにかく、この探知機が鳴らないことを祈るよ。でも、どんな風に音が鳴るのか、聞いてみたい気もするね」

「何、言ってるのよ！」

廣子は一喝した。

「この探知機はきっと鳴るわ。これから毎晩のように鳴りまくると思うわ。そうして私たちは、それを一つずつ抑える活動を続けることになる。でもそれに慣れてはいけない、活動から常に何かを学び、探知機が鳴らない世界を築くための方法を、考えてなきゃ。

考えるということは本当に大事なことで、頭は常に回転させておかなければいけないと思うの。例えば私は、最近こんなことを考えたわ――。この頃、男女は交際相手を選ぶ力が落ちていると言われている。見かけに流されたり、一時的な感情で結婚したり。ネット交際という人たちもいる。こういったことが離婚率の高止まりや生涯結婚率の低下につながっているんじゃないかしら。私がそう思ったのはスーパーの陳列棚を見た時よ。プライベートブランドが流行して同じようなものばかり売ってるでしょ？　日用品以外の、服も車も家も、全部そう。既製品だらけの世界。私たちは、そんな選択の幅の狭い世界になれてしまったら、選択力のない人間になっちゃうんじゃないかしら？　それがパートナー選びにも影響してくるんじゃないかしら？

と、こんな風に、私たちは活動をしながら社会全般に目を向け、広い視野で解決策を模索する必要があると思う。そして、答えだけでなく答えの導き方を発信していくべきだと思う」

「偉い！」九嶋は手を打ち鳴らした。

「世界的名演説を聞いた気がしたわ！　たった今、廣子を副部長に任じます」

廣子は目を白黒させた。

「私が？　他にも先輩方がいらっしゃるのに……」

「いいんだよ、廣子ちゃん」とある女子先輩が言った。

「今の演説を聞いて、あなたがどれだけ真剣に考えているか分かった。むしろ私たちの方からお願いするよ」

「そこまでおっしゃるのなら……分かりました」

廣子は副部長を拝命した。

九嶋は嬉々として一同に向かい、

「よかった！　さっそく就任祝いよ！　これから第一回事務所茶話会を始める！　男子らは準備するこ

と」

男子らは唖然とした。女子らのやりとりの中で、何かが決まったらしいことは理解できた。が、感情的な高まりまではついていけず、目蓋をぱちくりさせるばかりだった。

### （3）お節介レスキュー

かくして東京奥浅草に【男女共同参画推進室・DKSC東京事務所】がスタートした。部員は「遠い」「地味」「狭い」と文句を垂れ、それでも大学がはけると通ってきた。文句は全て部長のいないところでささやかれたが、貸主の堀田の前では平然と発せられた。

部員は意外とすぐに事務所に馴染んだ。学生ラウンジの共有スペースにくらべるとのびのびできる。みんなで思い切った討論をしても、周囲を気にする必要はないし、活動のチラシの制作や印刷なども、人目を憚らずにできる。また、下町の隠れ家的な雰囲気も心地良い。

実際、部の活動は活性化した。今までは大看板の九嶋が前面に出る啓蒙イベントが活動のメインだったが、廣子が副部長に就任してからは部員全員が常時携わるタイプの活動が企画、実行された。中でも手応えを感じられたのは、ストーカーや恋愛のこじれ・バイト先でのセクハラ等の相談窓口の開設である。深刻なケースは然るべき公共団体の窓口を紹介するが、部員らはなるべく自分たちでやろうと努めた。例えば、女性のストーカー被害で軽度なケースなら、よっさんをボディガードに派遣する。大概の男は逃げ出す。セクハラ被害はＤＫＳＣの名で書面をしたため、内容証明付きで郵送する。これで大方の事案は沈静化した。

「問題解決だけでなく、夫婦愛・カップル愛を育む企画もしたいな」

廣子は街コンの主催や嬬恋村とのイベント共催など、次々にアイデアを出した。なかなか実現には至らなかったが、検討している段階での奥浅草事務所の雰囲気は、まるでコンサルティング会社のオフィスである。

これらの活動は、全て女子部員によって進められていた。男子の役目はその補助である。女子部員の駅への送迎、荷物持ち。お茶を替えたり、手紙を投函しにポストに走ったり。

——なんか変だぞ？

男子らはこき使われつつ首を傾げた。

——この違和感の相談窓口は、一体どこにあるんだろう？

男子らはビクリとしてキッチンに走る。堀田は横目で廣子を見やり
——廣子さん、今日もバリバリ活動しているなあ。なんだか遠くに行ってしまったような気がする……。

話は前後するが、九嶋・廣子・堀田以外のＤＫＳＣメンバーが初めてよっさんに会った時——それは堀田の家が事務所に改装された日であるが——、当然、驚きをもって迎えられた。見上げるような図体、赤ら顔、不似合いなオーバーオール、頭からにょっきり生えたツノ。最初のうちはみな遠巻きにしてい

た。しかし、改装作業やその後の活動を通じ、よっさんの性格が知られるにつれ、距離は縮んだ。九嶋と廣子に頭が上がらず、女子には敬語。ちょっとドジでうっかり屋さん。男子部員同様にマゾッ気のある奴隷根性。よっさんは一週間も経たないうちに女子にこき使われるようになり、他の男子と変わらない処遇に落ち着いた。

ある時、

「ちょっと、よっさんいる？」

女子がしかめ面をして声をかけた。

「へい、どうしました」よっさんは段ボールを裁断して紐でくくっているところだった。

「破談探知機が鳴ってるんだけど。うるさくってしょうがないわ」

「はい、ただいま、ただいま」

よっさんは立ちあがり、機械のボタンを押して音を止め、小さなディスプレイを覗き込んだ。

「ええと、座標は北にMK0727、西にDT0501……」

「それってこないだの西日暮里のカップルじゃない？」

「ほんとだ。案件A－01ですね、ちょっと行ってきます」

A－01とは、事務所開設のその日に起きた記念すべき第一号案件である。いつまでも就職の決まらない男が女に愛想を尽かされ「出て行け」と物を投げられ、戸外に放っぽり出された。意気消沈して半ば別れを決意した瞬間、それに探知機が反応した。よっさんは偶然を装って男と知り合いになり、励ますことで一応の解決を見た。男の話によると、付き合いたての頃に嬬恋村に行き、愛を叫ばされたらしい。

この件は、男がその気になって頑張ろうと思いさえすれば、波形が安定して終息する。ところがこのカップルは三日と置かず探知機を鳴らす。女は怒りっぽく弁が立ち、男はそのたびに打ちのめされる。いちいちよっさんが出向いて、男を励ます。解決には男が就職を決めるしかない。よっさんは男のために就職情報誌を買い漁り、渡したりした。

この日もよっさんは、いつもと同じように男性を励まし、アドバイスし、ほとんどレギュラー化したA－01を片付け、奥浅草に戻った。

「ただいま帰りました」

「ごくろうさま」女子らは振り返りもせず事務机に向かっている。

よっさんは袋を持った手を前に突きだし
「行った先が、お菓子問屋の集まってる場所だったので、お土産を買ってきました」

真ん中のテーブルにざらざらっと駄菓子が広げられた。女子らの目の色が変わった。たちまちテーブルに集まる。

「お、たまには気が利くね」

「男子のエースね」

「ほかの男子らも見習ってよ」

「あ、シンクの三角ネットがきれてたわよ」

「へい」よっさんは急いで収納棚へ走る。

よっさんは男子らにも駄菓子をこっそり提供し、やっかまれないようにしている。この辺はさすがに年の甲というか、処世の鬼、出世の鬼。とにかくこうして、よっさんはＤＫＳＣに馴染んでいった。


探知機の件を一つ紹介したついでに、その他の、特に風変わりな案件をいくつか紹介しよう。

**エピソード　子犬はかすがい？**

土曜日の昼下がり、奥浅草の事務所にはよっさん、堀田、廣子のほか、女子が五人ほど詰めていた。特に何をするわけでもなく、ファッション誌をめくったり。他人のレポートを書き写している者もいる。堀田以外の男子は九嶋にボランティアにかりだされていた。堀田だけ事務所の雑用に留めおかれていた。

ふと、探知機が警告音をかき鳴らした。いつもより甲高い音である。

「どうして音色が違うの？」廣子は探知機を見上げた。

「この感じだと、現場が遠いようです」

よっさんは探知機のボタンを押して音を止め、小さなディスプレイに表示された座標を確認し、壁に貼られたA２サイズの日本地図に目を移した。

「多分この辺りですね」指差したのは静岡市のあたりだった。

「ずいぶん遠いわね」

「ついに大ジャンプを使う時が来たみたいです」よっさんは誇らしげに言った。

「廣子さんも一緒に行きませんか？」

「そうね……」

廣子はそっけなく答えたが、心中ワクワクしていた。九嶋によって副部長に任じられて以来、企画やまとめ役に回ることが多くなり、彼女は破談の解決活動においていまだに現場に入ったことが無かった。というより、この活動に関してはいつもよっさん一人であった。大きな図体でＤＶを威圧したり、愛嬌のある性格で優しくなだめたり、なにをするにも一人で事足りる容姿と技量を持っていたからである。

「ねえねえ」声を上げたのは堀田だった。

「よっさん、ぼくも連れて行ってよ。末川さんに何かあったら……ぼくが守るから！」

廣子はあからさまに不快な顔をした。

「あなたがいて何ができるのさ。よっさんがいるのに」

「そんなあ」

「いや、ぜひ一緒に来てよ」よっさんは言った。

「現場に向かってジャンプする時、腕につかまっていただくんですが、一人だと片腕だけになってしまうから、バランスが取りにくいんです」

廣子の顔が引きつった。

「私が堀田と釣り合うだけの体重があるっていうの？」

「いや、そういうわけではありません」予想外の非難によっさんはたじろいだ。

「堀田はガリガリだからちょうどいいんですよ。ほら、じゃ、つかまって」

よっさんは腕を差し伸べた。

「ちょっと待って」廣子は制した。

「ここ、部屋の中よ。外に出なきゃ」

「鬼の力を軽んじちゃいけません。浅間山の力をまとっている時は、土でできたもの以外ならすり抜けられます。屋根は木造でしょ？　簡単簡単」

「そんな力があるの？」堀田が驚いて尋ねた。

「そうだよ。ついでに言うと、飛ぶ時に結界を張るんだけど、その中にいたら比較的薄い岩や板などの物体を透視することができる。ジャンプする時に発散される余剰エネルギーが引き起こす現象なんだ。人間も鬼のそばにいたら、透視できるはずだよ」

「へえ」廣子は感心した。

「これらの力は、太古の昔に鬼が培ったものなんです。さあ、行きましょう」

三十分後、三人は静岡市郊外の住宅地の、とある一戸建ての脇路地にいた。よっさんは目を細めてその家の中の様子を見ている。廣子も堀田も同じようにしている。
驚くことばかりだ——大学生二人が目の当たりにした鬼の力、大地のエネルギーは、想像を超えた不思議があった。

まず、今、三人は家の壁を透けさせて中の様子を見ている。遮蔽物の向こうの状況をおぼろげながら視認できることは、映画やアニメの展開に等しかった。

それよりも驚くべきは、この場所に至った大ジャンプである。空に舞い上がり長距離を移動する――奥浅草の事務所から静岡市のその場所まで、跳躍時間は約二十分。よっさんの右腕に堀田、左腕に廣子がぶら下がったのだが、飛び上がってまもなく、二人はあることに気付いた。

「あれ？　風の抵抗がない」と堀田。

よっさんは大空を前進しながら答えた。

「こないだは『跳躍』と説明したけれど、あれは分かりやすく言っただけで、厳密には物理的な空間移動とは違う。浅間山の大地の力で球形の結界を作り出し、我々はその中に入って、風の領域を移動しているんです」

「それってつまり、シャボン玉とかソーダ水の泡みたいなもの？」廣子が尋ねた。

「おっしゃる通りです。結界には霊的な引力があり、そこに作用して目的とするところへ移動しています。ちなみに我々は今、大地の力の結界の中にいるので、外界から姿を見られる事はありません。実際に目的地にたどりついても、結界を解かない限り周りからは見えないんです」

目的地にたどり着いても、よっさんは結界を解かなかった。三人が空から降りたり、戸建て住宅の中をやぶにらみしている様子を、地元の人たちに見られることはないのである。

れた米国大統領や取締役会に選任されたCEOといった上司のためでなくなったりするのだ。動き始めた大組織を止めるのは、一国のトップであっても勇気のいる大ごとだ。だから、レーガン大統領も犠牲覚悟で国連海洋法条約調印に向けた動きを止めた。そして、連綿と続く官僚組織に立ち向かい、勝利したのだ。ここまでのことを試みるリーダーはあまりいない。ただし、官僚機構は辛抱強いのが身上だ。今日敗れたなら、勝てる時をじっと待つ。この大騒ぎから30年ほどがたったいまも、この条約調印に向けた動きは続いている。

**背《そむ》くなら神に背くべきで、官僚組織に背いてはならない。神は赦しを与えてくれるが官僚組織に赦しはないからだ。**

――ハイマン・リッコーバー大将

私が官僚主義に初めて直面したのは、経済機会局の局長に就任した1969年だ。省内を案内してもらったとき、机の周りに共産主義革命の雄、チェ・ゲバラのポスターを飾っている人がけっこういることに気づいた。そういう人が、反共の闘士として知られる新大統領、リチャード・ニクソンの政策をすんなり受け入れるとは考えにくい。

のちにサールのトップに就任したときも、官僚主義に直面した。サールは優秀な人がたくさんいる会社だったが、やり方が画一的なきらいがあり、それもあって、いつのまにか多様な事業を展開するコングロマリットになっていた。関連など考えずに買収して多角化していたのだ。順調なものもある。いまいちなものもある。そして、そのすべてを管理するため、経営体制も管理部門も肥大化していた。医薬品の研究開発という中核事業に会社を集約すること、相乗効果が見込めない部門は売却し、官僚的な管理部門を減らすことが私のするべき仕事だったわけだ。

国防省もすごかった。なにせペンタゴンだけで2万5000人もの職員がいるし、そのほかに軍人や民間人300万人ほどが世界各地で働いているのだ。世界最大の官僚組織だろう。国防省の官僚機構はたたき上げの武官・文官、連邦議会議員、防衛関連企業の三者で構成されていて、「鉄の三角形」と呼ばれている。ここで揉まれたおかげで、私は、官僚機構をさばくコツのようなものをいくつか得たと思う。

## ワニに囲まれると、もともとその沼を干拓するために来たことを忘れてしまいがちだ。

まず、官僚機構は避けられない現実であることを直視しよう。ほんの数人という小さなものでも、組織には官僚機構が必要である。ＩＢＭにもシカゴ大学にも、地方の教会にも、労働組合にも商工会議所にも官僚機構がある。

でも、自分を「官僚」だと思っている人には会ったことがない。企業の中間管理職や政府機

国防省を動かすのは、3000 トンあまりのスポンジとレスリングをするような感じだ。
──デビッド・パッカード国防副長官

関で働く大勢の人も「担当官僚です」と自己紹介したりしない。官僚主義にはマイナスのイメージがあるのも問題だ。キャリア外交官、諜報部員、キャリア武官は、いずれも国の安全保障に不可欠な存在である。尊敬・評価されるべき人々だし、彼らも、税金も有効に使えなければ自分たちの能力も有効に使えない組織を改革しようとしたときなど、さまざまな場面で官僚主義に足を引っぱられていたりする。

変化を嫌う官僚主義の特質をなんといっても強く感じるのは、新しいことを試みて失敗したリーダーだろう。そういう経験をすると新しいことを試みるのは愚かだと思うようになるし、後任リーダーもそういうことを試みようとしなくなってしまう。それでもなお、日常業務を回している人々も、別にリーダーの試みをくじきたいわけではないことを忘れてはならない。そう思って動いたのでは求心力が得られない。新機軸への抵抗が陰謀とはかぎらないのだ。

外交官経験のあるローレンス・シルバーマン判事が外交の法則なるものを提唱している。「他国政府の動きを観察し、それを説明しようとすると、必ず、理屈と謀略を過大評価し、無能性と偶然を過小評価するものだ」というものなのだが、官僚主義にも同じことが言える。抵抗は悪意ではなく、いままでのやり方を変えるのがめんどくさいだけのことも多い。

## 求心力が欲しければ摩擦を恐れるな

——ジム・エリス大将

無駄が多い、手続きが煩雑など組織の問題を正そうとすると、いまのままがいいと猛烈な反発を招くことが多い。変化をいやがるのは自然な反応だ。民間企業で反対の声を上げるのは、労働組合や、儲かっていた時代の特権にしがみつくお偉方あたりが多い。こういう人はどこにでもいて、誰のために仕事をしているのかわからなくなっていることも少なくない。特に組織が大きくなると、形だけの仕事をしていても問題になりにくい。

官僚機構で仕事をしていると、自分が就職した何年も前や、それこそ何十年も前からやってきたやり方に慣れてしまうものだ。職務そのものが昔のやり方に適したもので、環境の変化に対応できていないこともある。官僚的な習慣と現実のニーズがずれたとき、なにがなんでも変化に対抗しようとする人もいる。それこそ、そこまで一生懸命に仕事をしてはいなかったよねというくらいの勢いで現状維持に走るのだ。

そういう抵抗が続くと、創造性や革新性、効率性が犠牲になる。中間管理職は好きなようにやらせてほしいと言いがちだ。それが顧客のニーズや経営陣のニーズ、あるいは国民のニーズに合っているかどうかとは関係なく、手慣れたやり方を続けたい、と。それを許すと、最悪の場合、企業なら倒産したり、政府機関なら機能停止したりしかねない。

**新たなる秩序への道を先導する以上に難しいこともなければ危ないこともないし、成功の可能性が低いこともない。**

——ニッコロ・マキアヴェッリ

官僚主義の英語、「bureaucracy《ビューロクラシー》」は「机の規則」というような意味だ。その規則を御そうとすると、たいがい、物理的な基本法則を痛感することになる。かけたのと等しい力が返ってくるのだ。米国大統領も企業経営者も、この力に苦労してきた。ドワイト・アイゼンハワーが後任になると知ったハリー・トルーマン大統領はこうつぶやいたという。

「かわいそうに。陸軍とは勝手がまるで違うからなぁ。アイクはここに座り、『これをしろ！　あれをやれ！』と言うんだろう。でもなにも起きない。いらつくだろうな」

トルーマンも、大統領執務室にいたころをふり返り、世界一の権力者だと思われているが実態は大きく違うと嘆いている。

「朝から晩までここに座り、私に言われなくてもわかっていいはずのことをするよう説得しようと四苦八苦していた。……大統領の力とはそういうものなのだ」[12]

## 変化を嫌う人は蚊帳の外をもっと嫌う

——エリック・シンセキ将軍

国レベルや国際レベルの問題を分析・評価する非営利のシンクタンク、ランド研究所がベトナム戦争の失敗理由をまとめた報告書がある。ジョンソン政権がベトナム戦争への介入を拡大し、戦費がかさむばかりで出口が見えない泥沼化に直面、ワシントンＤＣが反戦デモの嵐となった１９６０年代半ばから終わりにかけて連邦議員だったこともあり、私はこれに興味を引かれた。

報告書をまとめたのは、ＣＩＡのキャリア、ロバート・コマーだ。ベトナムとの和平工作や復興計画を民間主導で進めた立役者であり、私も、のちに面識を得る人物である。「元凶は官僚主義（Bureaucracy Does Its Thing）」と題されたこの報告書の結論には、外交や防衛の省庁が前例を踏襲するばかりで方向転換できない状態に陥っていた、とある。ベトナム戦争は東南アジアのジャングルにおける不正規のゲリラ戦なのに、そういう戦いに適応する意志も能力も、国務省と国防省を中心とする国家安全保障関連の官僚機構になかったというのだ。特に軍部は、当時、ソ連を相手に欧州で通常戦争を展開することを目的に構成されていて運用や展開の方法を変えようとしなかった上、成果があがらないとなると、訓練から兵員の展開、戦術にいたるまで、従来のやり方をさらにさらにごり押ししたという。

この30年ほどあと、9・11同時多発テロが起き、21世紀の不正規で「非対称な」安全保障に対応できるよう国防省を改革しようとした際にも、同じようなことが問題になった。

**ペンタゴンとは、川を下る丸太に2万5000匹のアリが乗っているようなものだ。アリはそれぞれ自分が丸太を操縦していると思っている。**

——ハリー・ローワン博士

軍事力は、ペンタゴンもメディアも諸外国も、基本的になにがどれだけあるかで測ってきた。昔からそうしてきたからだ。だから、韓国とドイツから米軍の一部人員をほかに移すことを提案すると、韓国とドイツから反対の声が上がった。軍の能力と即応力を高める措置なのに、米連邦議会からも、だ。船舶や銃、戦車、軍隊兵員、航空機の数といったインプットに加え、得られる戦闘力や能力などのアウトプットも考えるようにしなければならないというのに。このころの軍備増強は、技術面や管理面について精密誘導弾や情報技術などの改善を進めることで実現していた。であるにもかかわらず、２００１年当時、国防省は、こういう大きな変化に適応していくことができていなかった。

時代後れとなっていることは、多様な任務をこなせる組織、訓練、装備にしなければならないという現実をアフガニスタンとイラクの戦いで突きつけられ、明らかとなった。米国は、いままでとは違う問題、いままでとは違う敵に対処しなければならなくなっていた。国家組織ではないテロリストや反乱分子のグループが民間人にまぎれて戦いをしかけてくるなど、従来型の戦争とはあらゆる面で異なる戦いもしなければならないのだ。

## 手持ちの軍で戦うしかない。こうだったらいいなと思う軍で戦うことはできない。

新兵器や新装備の準備に何年もかかる従来型の調達システムでは、どんどん変化する非対称な戦場のニーズに対応できないのは明らかだ。軍の組織も訓練も装備も、はっきりした前線があり、後方は比較的安全という従来型戦場を念頭に置いたものとなっている。だが、イラクで一番多くの戦死者を出したのは、道ばたにしかけられたごく簡単な手作りの爆弾、いわゆる即席爆弾である。戦場後方では、装甲の薄いジープの一種、ハンビーで移動するのがふつうだったからだ。即席爆弾の登場をうけ、陸軍は、装甲強化型ハンビーを投入。生産台数は、月15台からスタートして２００４年には数百台にまで拡大している。

私は、こういう武器から兵を守る技術を開発する即席爆弾対策本部を置いた。トップには、退役していたモンゴメリー・メグズ将軍を呼び戻してすえる。昇進に興味もなければ体制をどうこうしたいという思いもない彼なら、現状にしがみつく勢力と真っ向からやり合えるはずだ。実際、うまくやってくれた。当時はペンタゴンも軍部も切迫した戦場ニーズにすばやく対応できる官僚組織になっていなかったので、やるべきことをさっとできる体制を新たに作らなければならなかった。

**軍という組織はまずもって大きく変化できないものである。変わるしかない戦時を例外として。**

――ジム・ウールジー（元ＣＩＡ長官）

これは政府や軍にかぎったことではない。ある目的のもとに作られた組織がまったく異なる状況になんとしても対応しなければならなくなることは、官民を問わず、いつかあるものだ。

そのとき変化が必要になるが、官僚機構に属する人々は変化に抵抗を示したりする。民間企業だと変われなければ生き残れなかったりするわけで、そういう意味では、政府のほうが楽なのかもしれない。なんだかんだ言って、政府が破綻することはまずないからだ。いずれにせよ、「いままでどおり」はだめだとはっきり示し、現実世界の要求に対応できるよう変化を推し進めなければならない。

抵抗する官僚機構にリーダーはどう対処すればいいのだろうか。その第一歩は、自分の限界を認識することだ。どんなリーダーも官僚主義をなくすことはできないし、なくそうとすべきでもない。どんなリーダーも官僚機構を必ず意のままに動かせるわけではない。どんなリーダーも、自分が望むものすべてを、組織に深く根を張った官僚文化から得ることはできない。官僚機構は慣性が大きく変化にあらがうものだ。それはそういうものとして受け入れるしかなく、その上でできるかぎり変えていく努力をするしかない。

**陸軍のすみずみにまで注意を払うなど、**
**ポトマック川の水を全部、スプーンでかい出すくらい簡単なことだ**

——エイブラハム・リンカーン

2001年の頭、世界最大の官僚機構を改革しろとの特命を新たに選出された大統領から受けて戻ったとき、四半世紀近く前に私が離任したころのペンタゴンは影も形もないに等しかった。１９７０年代半ばの国防省も、ぜい肉のない組織とは言いがたいものだった。あそこまで大きな政府機関なら当然だし、あのころは冷戦がまだ続いていたこともある。それでもあのころのペンタゴンは、２００１年に比べれば効率もはるかによかったし実行力もあった。

２００１年の国防省は紙にうずもれていた。私が連邦議員に初当選した１９６２年、国防省が議会に予算を申請する書類は１ページのペラだった。それが国防長官に初就任した１９７５年には75ページ、２００１年には９８８ページである。要件や禁止事項や条件、さらには条件の条件まで、あらゆることが細かく細かく書かれるようになったのだ。国防長官が議会に提出する報告書も、２００１年には年９０５本になっていた。多額の税金を費やし、さらに、米国の森林にも大きな負荷をかけて、読む人がほとんどいない報告書をそれだけの数作らなければならないのだ。

上院・下院合わせて５３５人の連邦議員から入る問い合わせやクレームは、２５００本から３０００本。1年間でもなければ1カ月でもなく、毎週、これだけの数が飛び込んでくる。機密事項の取扱申請も1万５０００件以上が未処理でたまっていた。対して現役軍人の数は２１０万人から１４０万人と大きく減っていた。

**米国海軍の総指揮は終日まくらをたたき続けるようなものだ。ものすごく疲れるが、まくらはまったく変わらない。**

——フランクリン・D・ルーズベルト

同じ機能のシステムが複数あるのも問題だった。たとえば交換機も3系統あったのだが、それをまとめるには議会の承認を得なければならない。健康管理部門も軍医総監も、陸海空それぞれにあった。米国では軍の文民統制が建国理念のひとつであるわけだが、国防省は、その構造から、また、議会による監督の仕方から、仕事がまっとうにできる状態ではなくなっていたのだ。

リリパット国のガリバーのように国防省も、議会に課せられたものやみずから課したものなど、たくさんの細ひもでがんじがらめになっていた。1本では弱いひもも、たくさんかけられればガリバーでさえ動けなくなる。議会に課せられた制約もあまりに多く、国防省は動きが遅く、非効率で、なにをしても遅きに失してしまい、税金の無駄遣いに終わることが多かった。そうなると、当たり前と言えば当たり前なのだが、議員に目をつけられて制約と監査が増え、成果らしい成果をあげるのがもっと難しくなってしまう。

**愚行など簡単に解消できるものだが、頭のいい人の愚行は例外だ。**

——フランソワ・デ・ローズ（フランス大使）

その問題を世間にアピールするのも、官僚機構を改革するひとつの方法である。この場合、メディアを通じて世論を動かすことになる。自分の責任が問われるのもわかった上で問題を公表するわけで、それだけ本気なのだと官僚機構で働く人々に示すことにもなる。いまのままではだめだと考えていた人々に、内部から改革を進める勇気を与えることにもなる。

在任9カ月のころ、私は、数百人の幹部職員に対し、ペンタゴンの問題点を訴える講話をした。その一部を紹介しよう。

今日は、米国の安全保障を大きく脅かす敵についてお話ししたいと思います。いまも残っている数少ない中央集権の要塞、です。支配の方法は5カ年計画。あちこちの時間帯、あちこちの大陸、あちこちの大洋に首都1カ所から指令が押しつけられます。ばらつきをなにがなんでも排除しようとするため、自由な思考は死ぬし新しいアイデアはつぶされます。その結果、米国の防衛は混乱するし、軍人は命の危険にさらされてしまいます。

こう言うと、ソ連かと思う人もいるでしょう。ですが、ソ連はすでにありません。いま、我々が直面している敵は姿も見えにくければしぶとくもあります。じゃあ、いまだ生き残っている独裁者の誰かでしょうか？　それも違います。彼らも、もう過去の人に近くなっていますし、力も規模も、私がお話ししている敵には遠く及びません。

　この敵は身近にいます。ペンタゴンにはびこる官僚主義です。ここで問題なのは人ではなく手続きです。悪いのは文官ではなくシステムです。制服を着た人々が悪いわけでもありません。悪いのは画一的な考え方や行動を彼らに押しつけすぎることです。


　１９４７年の創設以来、国防省は錨鎖《びょうさ》にからまれてきた。管理者の上に管理者を置き、屋上屋を重ねてきた。同じ職務があちらにもこちらにもある、同じシステムがあちらにもこちらにもあるなど、船底にこびりつくフジツボのように無駄が増えてきた。その結果、無駄を無駄と思わなくなってしまった。１９９０年代には予算が大きく削減され、無駄をしている余裕などなくなったはずなのに。1ドル浪費すれば、訓練、兵やその家族のケア、新しい武装、新技術の開発など、必要なことに使えるお金が1ドル減ってしまう。だから、前記の講話を「官僚主義から戦場へ」という題名にしたのだ。限りある資源を、不要な間接費として浪費せず、情報化時代に安全保障を実現できる軍に変える費用として活用する方法をみつけなければならないというわけだ。

　このような講話を私がしたことに、一部の人はとても驚いたらしい。だがこの問題は白日の下にさらし、みんなで検討する以外に解決する方法などないと思う。

講話をしたのは2001年の9月10日である。この講話に本当のところどこまでの効果があったのかは、翌日の大事件でわからずじまいだ。9・11とその後の戦いにより国防省の改革は難しくなったと指摘するコメンテーターもいた。だが実際のところは、急いでなんとかしなければならないという危機感が生まれた。あれほどの危機感は、戦時下でもなければなかなか生み出せるものではない。

企業経営者の場合、全国レベルの報道機関を使うのは難しい。それでもやり方はいろいろとある。部門集会や全社集会を開いて課題や問題を訴えるとか、事務方向けの回報などで訴えるなどが考えられるだろう。

## トップが明確に道を示し、それを全員が理解すれば、信頼、自信、調和が生まれる

人間性を理解し、一緒に働く人々に敬意を払わなければ、官僚機構とうまく仕事をすることはできない。人は自分の利益を追求するものだ。だから、なにも変えず、現状を維持するほうが、自分の身が危うくなることを説明してあげよう。

初赴任の1970年代半ばに比べ、2001年に戻った国防省は、信頼と自信を失っていた。1990年代に予算が減らされ、優秀な下級士官が大勢いなくなってしまった。残った人々は、

自分たちの真価を政治家はわかっていないと不満に思っていた。だから、そんなことはない、軍そのものに対しても軍人の意識に対しても敬意を抱いているとブッシュ大統領もチェイニー副大統領も統合参謀本部議長も私もしきりに訴えた。我々が求める変化は軍の有効性を高めるためのもの、21世紀の脅威に対応する力を強化するためのものだ、と。

参謀長クラスは、基本的に、この目標を理解してくれた。もちろん理解度は人によって違う。特に前向きだったのは、アメリカ海軍作戦部長のバーン・クラーク海軍大将である。クラーク大将は艦隊即応計画なるものを策定して空母戦闘群の展開方法を根本的に変え、不測の事態に即応できる空母を3隻から8隻に増やすなどした。展開サイクルの考え方や管理手法を変え、就役期間の3分の1ほどしか空母が稼働できない時代に別れを告げたのだ。

陸軍も根本的な改革を果たした。現役時代に特殊部隊を率いていたピート・シューメイカー大将が戻って陸軍参謀総長となり、近年最大の組織改革を断行したのだ。1万5000人から2万人という巨大な師団を3000人から5000人の旅団戦闘団に再編。規模を小さくして即応性を高めるとともに、自立性を強化し、入れ替えが効くモジュールとして運用するようにした。この改革がなければ、アフガニスタンとイラクで軍事行動を維持することはできなかっただろう。何百年も続いた陸軍の歴史と伝統を捨てるのは、簡単なことではなかった。それでも、官僚機構の抵抗にあらがいシューメイカー大将が改革に成功できたのは、信頼と自信があったからである。

## 命令ではなくコンセンサスがリーダーシップの神髄
## リーダーの役割は説得である

外国語教育の担当者を呼び、国防省の文官・武官がどの外国語を学んでいるのかを尋ねたことがある。一番多いのはフランス語だった。18世紀までは外交上必須と言われた言語だ。中国語より韓国語が多かった。ウルドゥー語を学んでいるのは国防省全体で5人しかいなかった。なにを考えてるんだと言いたかった。パリやブリュッセルならフランス語が役に立つだろう。私も、大使としてNATOにいたころフランス語ができたらよかったなと思う。だが、米国の安全保障という面でフランス語が必要になることはあまりない。必要なのは、戦略的に重要だったり紛争が起きるかもしれない競合国や敵対国の言葉だろう。

言語ごとに何人くらい操れる人が必要かよくわからなかったので、人事・即応力担当次官のデビッド・チューに尋ねることにした。今後10年から20年で何人くらい専門家が必要になるのか。世界のどの地域でどういう状況に直面すると思われるのか。言語の優先順位を武官・文官の幹部から提案してもらいたいと思ったのだ。

こういう形でコンセンサスを醸成するほうが、命令するよりまずまちがいなく効果的だ。なぜ変化が必要なのか納得し、どういう変化が必要なのかを「我が事」としてとらえないかぎり、現場が全力で変化を推進することはない。

## まちがっていると納得させるより正しいと納得させるほうが簡単だ。

ああしろ、こうしろと命じただけで官僚機構が動くことはない。上意下達が基本の軍であっても、である。だから説得してコンセンサスを得なければならない。

レーガン大統領の言葉を借りれば、官僚機構は「この世で永遠の命に一番近いもの」であり、リーダーより必ず長生きする。なんといってもこれが最大の問題だろう。官僚機構が望まないことをしろと命令すれば、その試みが失敗するように導き、やらないほうがよかったと証明してしまう。あるいは実績豊富な牛歩戦術に出るか。リーダーより長生きするので、最低限のことだけして指示に従っているかのように見せ、実質はほとんどなにも変わらないようにすればいいわけだ。

二度目の国防長官を務めた6年間で、大統領の指令を伝えるのではなく私自身が命令を下したのは、たぶん、両手の指くらいしかない。命令を下すより、好ましい結論に向けて問いをくり返すソクラテス方式のほうがいいからだ。私は、メモを書いた白い紙、通称「綿雪」を2万通ほどもペンタゴンに降らせたのだが、こちらも、指示より問いを記すことが多かった。指示の場合、そのあとに「問題があれば知らせてくれ」とか「これがまちがいなのはなぜ?」とか「どう思う?」とか付け加えるのが常だった。指示を出すだけのほうが簡単で時間もかからないが、成果はこういうやり方のほうがあがる。

## 管理に最低限必要な層だけ残し、分権化してスタッフを減らすべし

トップひとりがすべてを決める体制では創造性が干上がり、改革が滞る。それよりも、独自構想を進める権限を部門それぞれに与え、マルチリーダーシップ体制としたほうがいい。難しい問題は上に処理してほしいと願う人もいるはずで、だから、そういう決断を求めるわけにもいかないが、みずから決断したほうがいいと思ってもらえる工夫はしなければならない。そういう積極的な人が増えれば増えるほど、効果的な成果が得られるからだ。

ペンタゴンなら、大統領が指名し上院で承認された有能な人材を要所要所に配置するのが大事である。ところが任期二度目の6年、平均して、幹部ポスト49席の25%以上が空席だった。理由はいろいろとある。セキュリティクリアランスを得るのに時間がかかる、ホワイトハウスの承認がなかなか得られない、上院が承認しようとしない、辞める人がいる、政府の仕事に就くよう説得するのが難しいなどだ。空席だらけの幹部でペンタゴンを回すのは、ピアノの一端を指2本で持ち上げるくらいの難事である。どんな組織であっても肝要なのは、目標達成の鍵となるポストを判断し、方向性という意味でもペースという意味でも自分と相性がいい有能な人材をそのポストに就けることだ。

## 歩き回ろう

**姿を見せずにいると、地位にまつわるあれこれからまちがった印象を持たれかねない**
**姿を見せれば、うわさほど悪い人じゃないとわかってもらえたりする**

現場の視点から組織を見ることも大事だ。そのためには、ふだん関わらない人から話を聞くのがいい。懸念や不満には、たいがい、それなりの理由がある。過去、懸念を訴えたけど上に無視されたということもあるだろう。現場はなにをしているのか、なにを気にしているのか、なにをいぶかしんでいるのか、どういうアイデアを持っているのかを知るべきだ。新しいことを学んだり新しく関係を持ったりするのは、時間をかけるだけの価値があることだ。

歩き回って意見を求めよう。ホーム・デポの会長時代、バーニー・マーカスはあちこちの店舗を巡っては、店内を歩き回り、店の様子をチェックしたという。議員仲間だったエド・コッチ（故人）も、ニューヨーク市長時代、地下鉄に乗ったりして市内を歩き回り、「私の仕事ぶりをどう思われますか」と誰彼かまわず聞いていたことで知られている。

私もサール時代、月に何度か、自室や幹部とではなく、社員食堂でランチを食べるようにしていた。ペンタゴン時代も、あちこちよく歩き回ったし、お昼はカフェテリアでとる、体育館でスカッシュをするなどしていたし、文官や伍長クラスの武官が国防長官に質問したりもの申したりできる意見交換会を開くなどもしていた。役員室を出なければ、家族の話を聞くなどして、兵や社員が実際のところなにを考えているのかを知ることはできないのだ。

## いろいろ試し、失敗することなしに発見はありえない だから、試行も失敗も温かく受け入れる組織にしなければならない

試してみなければ新しいなにかをみつけることはできない。事業や組織をどうしたらいいのかを考えるにも、試してみることは大事である。だから、リスクや革新、創造性を受け入れる土壌をもつ組織が成功する。医薬品業界の新製品は、試行錯誤で袋小路を山のように経験しなければ開発できない。袋小路は、ある意味「失敗」なわけだが、その失敗を検討すれば大事なことが学べる。アスパルテームもそうやって発見した。たくさんの試行錯誤とちょっとした偶然の産物なのだ。アミノ酸2種類で実験していた担当者が紙をめくろうと指をなめたら甘かった、それが、食品飲料業界を大きく変えた製品、ニュートラスイートが誕生した瞬間だと言われている。

## できない理由を最初にぜんぶつぶさなければならないのであれば、なにも試せずに終わってしまう

――サミュエル・ジョンソン博士

1983年、レーガン大統領は、ソ連が持つ大量の核兵器からミサイル防衛網で米国国民を守るという構想を打ちだした。強い反対の声が議会からも、軍縮関連の組織からも、また、諸外国の批判に対応しなければならない国務省官僚からもあがったし、大統領のスタッフからさえもあがった。反対の声は、国防省の一部からもあがった。従来型の武器を推進していて、海のものとも山のものともつかない新構想に予算を奪われたくないと思う人々がいたのだ。

それから20年ほど、ミサイル防衛システムというレーガン大統領の夢は、文字どおり夢にすぎなかった。だが、くり返される反対に対抗する唯一の手段が反対の声にあらがって前に進み続けることという場合もある。というわけで、2001年、ジョージ・W・ブッシュ政権が政治的、官僚的、法的な障害をいなすことに成功する。最初の一手は、1972年に米国とロシアが締結したABM条約（弾道弾迎撃ミサイル制限条約）からの離脱だ。ICBM（大陸間弾道ミサイル）に対する防衛網の開発を禁じるこの条約は、報復攻撃能力を互いに持てば双方とも初撃をためらうという、いわゆる「相互確証破壊」なる考え方で核攻撃を抑止するもので、冷戦時代の遺物と言えるものだった。こうして、我々は、ミサイル防衛システムの構築を宣言した初

の政権になったわけだ。レーガン大統領が提唱したのは、たくさんあるＩＣＢＭのすべてを守ろうというものだったが、我々が念頭に置いたのは、ならず者国家からの攻撃である。もちろん、最初から完璧なシステムなど作れるはずがない。だから、「スパイラル開発」というシリコンバレー流のやり方で進めることにした。

スパイラル開発とは高度なシステムを開発する手法で、コンピューターソフトウェアなどのハイテク産業で確立されたものだ。早い段階のプロトタイプをリリースし、顧客からフィードバックをもらって改善する。これをくり返すのだ。たとえばマイクロソフトのウィンドウズは次々とバージョンアップをくり返し、不具合や問題の解消、機能の改善などを進めている。同様に、アップルのｉＰｈｏｎｅも、本書執筆時点で第5世代に入っている。

現状維持を好む官僚の得意技に「完璧を求めることで改善を妨ぐ」がある。我々は、やりたいことがすべてできる「最終製品」ができたと思うまで待つのではなく、とりあえず試しては改善をくり返すことにした。このやり方には批判が多かったし、メディアや連邦議会に「失敗」のレッテルを貼られた試験も多かった。なにせ初期のシステムは、思ったとおりで完璧にはほど遠いものだったからだ。批判する人々が見落としていた点がひとつある。「失敗」するごとに貴重な教訓とデータを得たから、最終的に、実用に耐えるミサイル防衛システムを展開できた、アラスカ州とカリフォルニア州に迎撃ミサイルを配備し、核を使うぞとならず者国家に脅される心配をしなくてよくなったという点だ。

## 「歯と尾の比率」に注目すべし
## 尻尾は歯を支援するためにある

「歯と尾の比率」と言われるものがある。これは官僚主義の迷路を歩く者にとって大事な考え方だ。軍の場合、前線の兵（歯）を支援・維持するのに必要な後方支援部隊（尾）の規模を指す。尾が長すぎると費用がかさむし、資源の利用効率が下がる。組織の基本的な目的──存在理由そのものと言うべきかもしれない──は、歯が満たすものだからだ。前線の仕事が滞らないぎりぎりまで支援スタッフを減らすのがポイントだ。

> **処理は、できるかぎりなにも考えずできるようにする。裁量の余地があればあるほど、遅延も費用も増え官僚機構も大きくなる。**

2001年時点の国防省には何十万人も職員がいたが、そのうち戦闘に直接関係する人々（歯）は14％にすぎなかった。残りは管理など戦いと関係ない仕事をしている人々（尾）だ。こちらを減らしても、戦闘能力は下がらない。

どのような組織にも前線要員がいる。槍の穂先にいて組織に価値をもたらしてくれる人々だ。

そういう人の支援に最低限必要な人数を見極めること、また、成績を落とすことなくこの「尾」を減らせないか考え続けることが大事である。

## 組織トップと顧客をへだてる管理階層は減らそう

組織は、次第にぜい肉がついてしまう。一番つきやすいぜい肉は、部下の監督に忙しい中間管理職である。この中間管理職が増えすぎると収拾がつかなくなる。いつのまにか、ほかの人を監督する人を監督する人を監督する人が雪だるま式に増える状態になってしまうのだ。

特に政府機関はそうなりやすい。風土病と言ってもいいだろう。２００１年にペンタゴンへ戻ったとき、私は、国防長官と現場指揮官のあいだに何階層あるのか尋ねてみた。驚くような答えが返ってきた。17階層もあるというのだ。

この中間管理職は軍歴が10年から16年くらいの人が多く、ほかの16層から承認してもらわなくても自分で決断できるだけの能力を有している。もっと重要なポイントもある。アルカイダは、17階層もの承認を得ずに物事を決められるのだ。アルカイダは小規模ネットワークになっていて、巨大な官僚機構となっている米国政府よりすばやく行動できる。これが大きく有利なのは言うまでもないだろう。

組織のリーダーは、自分から現場まで何階層あるのかを確認してみるべきだ。たいがいは不要な管理層があることに気づくはずだ。そういう管理層はなくし、その中間管理職にはもっと生産的なことをしてもらおう。

## 弁護士はビーバーのようなものだ 流れに割って入ってダムを造ってしまう

弁護士について語る前に「情報開示」をしておこう。私は法科大学院に進んだが中退した人間だ。成績は悪くなかったし、法学もおもしろくはあったのだが、法律で身を立てる気になれなかった。私のように、早い段階で法律を捨てたのにワシントンDCで働くという人も少ないながらいることはいる。そんな気がする。法学部卒で弁護士の仕事をしていないとか、弁護士の仕事に興味がないという人がこれほどいる場所はほかにないのではないだろうか。そうかと思えば、弁護士というのは、いつのまにか集まっていたりする。ひとり見たらたくさんいると思えという感じだ。

米国に弁護士が多い理由はわかるだろう。世界一の訴訟社会だからだ。世界的な電力関連企業のアセア・ブラウン・ボベリで取締役をしていたとき、それを痛感した。新しい施設は米国以外の国に作ることが多く、その理由のひとつが米国は弁護士が暴れまくる国だから、だったのだ。

米国ほどの訴訟社会になると、リーダーは、法律面の助言を専門家に求めざるをえない。この現実には、いろいろとデメリットがある。たとえば、国防省には弁護士が1万人以上もいるのだ。これはいまだに驚いてしまう。なにせ、司法省よりたくさんの弁護士がいるということなのだから。

弁護士という人種も忙しくありたいと思う人々だ。そしてペンタゴンは訴訟の対象になることがとても多いので（たわいもないものがほとんどだが）、ことあるごとに、指揮命令系統の上から下まで国防省のあらゆるレベルで法的な助言が求められる。弁護士ひとりの助言は役に立つ。ふたりだと助言が矛盾することもあるが、それでも役に立つことが多い。だが1万人になると――過ぎたるは及ばざるがごとしとはよく言ったものだ。

どのような組織でも弁護士が多すぎるのは問題だ。弁護士とは、合法なのはどの選択肢なのか助言するのが仕事である。だが、そうこうしているうちに弁護士という障壁で所属部門ががっちり守られ、なにもできなくなってしまったりする。

武官への助言はどんどんしてもらいたいのだが、政策担当者や第一線で働く人々がすべき決断を実質的に弁護士がするような事態は避けなければならない。決定に役立つ助言ではなく決定そのものを弁護士がしている組織は、弁護士の数を減らすべきだ。逆に、弁護士が山のようにいなければ仕事ができないなら、ほかになにか大きな問題があるということだろう。

## 鶏を殺して猿を脅さねばならぬときもある

——中国の格言

官僚機構と正面切って戦わなければならなくなったときには、ナポレオンの言葉「攻め始めたら、最後まで攻め落とせ」を思い出すべきだろう。そこまでの気概や何度でも戦ってやるという気概がない人は、官僚機構と派手にやりあっても負けるのが落ちだ。

ペンタゴンにおける官僚機構との戦いと言えば、なんといっても国家安全保障人事システムの創設にまつわるものだろう。

ペンタゴンにはさまざまな規則や規制が課せられているし、労働組合の力も強いので、文官がやはり文官の部下を採用する、クビにする、昇進させる、インセンティブを与える、異動を命じるなどしたくても難しくなっていた。そのため、しなければならないことがあると武官か業者に頼みがちだった。そうしたくなるのもわからないではない。武官ならすぐに来てくれるし、その仕事が終わればいなくなってくれる。業者も同じだ。これが文官だけは、話がちがってややこしい。

これでは税金を無駄遣いしてしまう。文官にも給与を払っているのに、人事管理がうまくできないから仕事を頼まないという話だからだ。武官は武官で本来の任務を外れ、文官の仕事をするわけで、これもまたひどい話である。お抱えの文官にできる仕事をコントラクターに頼めば外注費を払わなければならない。

労働組合は、昔自分たちも関わって作った制度を変えようとはしなかった。彼らにとって問題はなにもなかったので当然だろう。そんなわけで長い戦いになったが、2005年には、「成果報酬」という民間では一般的な考え方などを盛り込んだ国家安全保障人事システムを創設することができた。何年も努力を続けた成果である。

我々の望んだことすべてを実現できたわけではないが、それでも第一歩は踏み出せたわけだ。だが残念なことに、私が離任したあと、成果のほとんどが失われてしまった。みんな、戦いに勝利したと安心してしまったのかもしれない。これがどれほど重要なことなのか、よくわかっていなかったのかもしれない。ともかく、新しい人事制度は組合によって骨抜きにされてしまった。いま、ペンタゴンは昔にほぼ戻ってしまっているし、この件でもう一度戦い、勝利できる可能性はかなり低くなってしまった。官僚機構との厳しい戦いに勝利しても、よそ見をしたらおしまいということだ。

国防省が融通の利かない組織であることはまちがいないし、その運営管理など徒労感満載に違いないと思われるのもしかたがないのだが、じつに優秀な人々がたくさん働いていることだけは指摘しておきたい。武官も文官も、すばらしい人ばかりだ。仕事熱心だし機転が利くし、国民を守ろうという気概に満ちている。約250万人の制服組はみな志願兵であり、彼らを見ていると、十分な訓練をうけ、やる気に満ちた人が組織にどれほどの献身と愛をささげられるのか、驚くばかりである。総体としての米軍は世界一のリーダーシップを誇る組織になっているると思う。

CHAPTER 11

# リーダーシップ世界一の組織から学べること

LESSONS FROM THE WORLD'S MOST SUCCESSFUL LEADERSHIP ORGANIZATION

ワシントン。グラント。パットン。マーシャル。アイゼンハワー。ニミッツ。みなすばらしいリーダーである。だが人柄も流儀もそれぞれに異なる。ジョージ・ワシントンは堅苦しい頑固な人だと言われていた。対してユリシーズ・S・グラントは控えめな人で、「彼ほど物静かな人は珍しい。部屋に入ってきても、気づくのに1分くらいかかりそうだ」などとリンカーンに言われている。対してジョージ・パットンは、なにかと騒がしいことで知られている。大声でよくしゃべるし、わざとらしい言動が多いし、対決も辞さないのだ。だから部下によく慕われる一方で、兵士を叱りとばして批判されることも多かった。

ジョージ・マーシャルは形式を重んじる人で、米国大統領に名前で呼ばれても毛を逆立てて怒るほどだったという。ドワイト・アイゼンハワーは愛想のよさが身上で、政治勘が鋭かったこともあり、我の張り合いになりがちな党内をうまくまとめることができた。

チェスター・ニミッツ海軍大将は真珠湾攻撃後に太平洋艦隊を立て直した人物で、高校を卒業せず海軍兵学校に入ったことで知られている。高校の卒業資格を得たのは、海軍元帥になってからだ（元帥の五つ星を得たのは米国史上9人しかいない）。初任務は「船酔いで大変だった」というし、マニラ湾では指揮していた船を座礁させるといういまなら一発でキャリアが終わりそうな失敗もしている。また、太平洋戦争の栄光は、ダグラス・マッカーサー陸軍元帥、ウィリアム・ハルゼー海軍元帥という堂々としたふたりに譲ってもいる。

性格がこれほど異なる人々が全体を破綻させることなく一緒に仕事ができる組織などあり得ないと思える。だが、米軍は、２００年にわたってそういう組織であり続けたわけだ。すばらしい戦士に加え、すばらしいリーダーも育ててきた。正しい決断を下せる人、それもごく短時間で下せる人を育ててきた。質も量も不十分な情報やもしかしたら不正確な情報をもとに判断しているのだとわかった上で、さらには、窮地に立たされた状態でも判断できる人を育ててきたのだ。

これは大変なことだ。毎年、生まれも育ちも教育程度も異なる志願兵が大勢、全米各地から集まってくる。それから数カ月で彼らにさまざまな訓練を施し、一心同体の部隊に迎え入れるのだ。彼らはその後、生涯をかけ、そして命をかけて、立哨をしたり、必要になれば、やりたくもなければおもしろくもない汚れ仕事、つまりは戦争をしたりするのだ。米国を守っているのは彼らであり、さらには自由世界を守っているのも彼らである。

この組織はここがすごいと誰かが言えば、必ず、こういうところがよくないと指摘する人が出てくる。米軍も例外ではなく、判断を誤ることもあればスキャンダルも折々起きるし、犯罪行為が行われることさえある。ベトナムのソンミ村虐殺事件やアブグレイブ刑務所で夜間にイラク捕虜が虐待された事件から、最近では、アフガン市民16人を米兵が射殺したと言われている件などだ。罪を犯したのは事実だが、幸いに、これらは稀な例外である。

自分より大きななにかの一部になっていることからはっきりした目的意識が生まれることも、米軍が優秀である理由のひとつだ。

**戦争というものは、どういう始まり方をしても最後は泥沼になる。戦い抜くしかない。あっと驚く方策もなければ楽な近道もない。**

——ジョー・スティルウェル大将

そういうことが起きた場合、軍では懲罰が下される。リーダーがやらかした場合は、再発防止の検討が行われる。いずれにせよ、全体として米軍は成功している組織であり、若者をリーダーに育てることができている。だから、リーダーシップという面では幅広く応用が利く。

私の父は、1941年末ごろ、シカゴの不動産会社で賃貸物件の管理をしていた。そして2年後の第二次世界大戦中には、太平洋戦域に展開した空母で夜間甲板士官になっていた。40歳くらいまで軍と無縁できた民間人を受け入れ、わずか何カ月かの訓練で軍艦の船員数百人の命を預かる地位に就けることができるのか。

戦後、こう問われると、父は、いつも、「兵曹のおかげだ」と即答していた。兵曹は現場経験が豊富な志願兵である。父は士官なので階級は上だが、士官だろうが志願兵だろうが新参者は彼らに仕事のノウハウを教えてもらうのだ。

その10年後、こんどは私が海軍兵学校の学生という身分で戦艦USSウィスコンシンに乗り、大型戦艦の運用がいかにややこしいのかを実感した。とても多くの人が関わるし、手続き同士が緻密に連動しているし、ささいな装置もきちんと検査しなければならない。飛行士ひとりの単発機でさえ、飛ばそうと思えば、メンテナンス要員や地上要員など何十人もの手が必要だ。たたき上げの下士官が大事なこともよくわかった。海軍では兵曹、その他では軍曹と呼ばれるクラスで、彼らがいるから、新人も、大きな失敗の許されない組織で働けるようになっていくのだ。米軍の屋台骨だと言えるだろう。

どんな組織にも、肩書こそたいしたことはないかもしれないが古株で、各種規則はもちろんノウハウにも通じている人がいるものだ。若くて意気盛んなリーダーに貴重なアドバイスができる人々だ。組織の記憶を受けつぐ人々と言ってもいいだろう。そういう人をみつけて話を聞き、彼らから学ぼう。そして、敬意を払おう。リーダーにとっても組織にとっても大いに役立つはずだ。

軍には、毎年、基礎訓練を終えた新人や下級士官が大勢入ってくるわけだが、そういう人々は、みな、儀礼や身だしなみの重要性をたたき込まれている。シャツもパンツもシワひとつないし、靴は磨いてある。敬礼もきりっとしている。身なりがだらしない、ぐずぐずする、上司の指示を無視するなど、ふつうはあまり問題にならないことさえ許されないのだ。

従軍経験のない人からは、さまつなことを気にしすぎるとか時代後れだとか誤解されることも少なくない。ボタンがひとつ留められていなくてもたいしたことではない、ライフルの持ち方が少しくらいずれていても、使うべき時と使い方がわかっていればいいじゃないかというわけだ。戦うときの服装など気にする必要はない、と。

だが、米軍が儀礼や行動、規律、精度、時間を重視するのは、理由があるからだ。まず制服は味方かどうかを見分けるのに役立つ。戦いで混乱したときには大事なことだ。パンツをプレスしておくなど細かなことにも注意を払っていれば、ライフルの銃身を掃除しておくとか、飛行士なら着陸チェックリストをきちんと確認するなど、もっと大きなことの細部をおろそかにすることが減るはずだ。

言葉遣いや考え方が共通でお互いにさっと理解できることも大事だ。1854年、クリミア戦争で英国軽騎兵旅団が突撃を敢行し、200人以上が戦死する悲劇が起きているが、その原因は、敵陣のほうをなんとなく指しつつあいまいな命令が下されたことだと言われている。精度が生死を分けることもあるのだ。緯度か経度の数字が1違うだけで爆弾の投下場所が狂い、最悪、味方の上に落としてしまうこともあり得るし、合流地点への到着が5分遅れれば、合流相手の飛行機をみつけられなかったりする。

新兵訓練所や士官学校では「おっしゃるとおりです」と答えることを教えられる。時間厳守は礼儀ではなく、必要なことだ。適切なタイミングで適切な場所にいなければ自分なりほかの誰かなりの命が危うくなったりするのだから。教練は完璧と言えるレベルになるまでくり返す。全体がまとまった動きになるまで訓練する。隊列を組んでの行進も練習する。戦いの現場で行進などまずしないのだが、伝統を学び、練習することにより、命令を守ることや全体の一部として動くことの重要性を学ぶのだ。

どのような組織も、新人研修や行動規範といった文化を通じてチームワークや実効性を醸成する。日本や韓国の会社では、毎日、CEOから工員にいたるまで全員が一緒に体操をするところもある。組織の多くは規則や倫理要綱、手順書といったものを用意し、なにが社員に求められているのかをはっきりさせている。会社がなにを求めているのかをメンバー全員に意識させるため、短い標語を用意し、ことあるごとにそれを唱えさせるところもある。こうして、新人にもわかりやすく、かつ、末永く続く文化を確立するわけだ。

## 上司、仲間、従業員などがフィードバックしてくれるのを待つな

米軍は任務のためなら自分の命さえ賭すほど全体を優先する文化を持つわけだが、同時に、個性や独創性、個人的成功の強みも維持している。だから、勇敢な行為や優れた成果には勲章が与えられる。また、上司による成績評価を通じ、リーダーとしての能力を高めつつ昇進していける制度になっているのもその表れである。

上司や部下、さらにはともに働く人からどう思われているのかも聞き取り調査する。強みや弱みを押さえた上でその人物の将来を決めるためだ。民間企業で行われている「360度評価」も同じような制度である。

自己評価も行う。人事考課のほか、研修や訓練、演習のあとや任務のあとにも、である。どこがよくて、どこがよくなかったのか、どこが改善できそうなのかなどを「事後評価」や「教訓」という形で確認するのだ。軍はこういう自己評価や自己分析をくり返す。すべてが順調だったと見える任務でも、実は偶然うまくいっただけということがあり得る。そのあたりは、事後評価をしなければまず確認できない。

なにをする場合でも、どのくらいきちんとできているのかや、どうすればもっとうまくできるのかを知りたいと思うものだ。ねぎらいや賛辞を口にする以上のことをしてくれない上司

のもとでは、いろいろと学んで能力やキャリアを伸ばすのは難しいだろう。折々時間を作って、そのあたりについて建設的な提案をしてくれる人がいい上司だと言える。

ちなみに、そうしてもらうのをじっと待つ必要などない。力を伸ばしたければ、年に一度とかなにか大きな仕事をしたあとなどに、こちらから指導や提案を求めればいい。たとえば「いま、しておくべきことはありませんか」「気づけていないことはないでしょうか」などと尋ねればいいだろう。自分や組織の現状を確認しておけば、次回はもっと上手にできるはずだ。こういうふり返りをくり返すと、組織の全員がリーダーシップを発揮できるようになっていく。

**直属の部下以外に命令を下さないこと**
**上司がなにか学んでくれると思わないこと**

——ハイマン・リッコーバー大将

9・11同時多発テロの直後、米国領空を飛ぶ飛行機は全機着陸すべしとブッシュ大統領が命じた。それでも飛び続ける機があれば、脅威かもしれないわけだ。そして、同日午後、ハイジャック信号を出しながら米国に向かう定期旅客機が2機あった。

ペンタゴンの作戦司令室で、私は、飛行禁止となった首都上空を哨戒しているパイロットのことを考えていた。彼らに与えられた指示は、武装の安全装置は解除しろ、ハイジャックされていて重要施設に被害をもたらすと考えられる飛行機があれば攻撃していい、だ。百人ほどの乗客・乗員を殺すことになっても、である。

国の命運を左右するかもしれないのに、瞬時に判断しなければならない。上司の指示を仰ぐ時間はおそらくない。それこそ20代の若者であっても、パイロットとして重い決断をしなければならないわけだ。だから、議事堂やホワイトハウスなどに向かっているように見えた場合、いつ、どのように攻撃するのか、できるかぎり明快なルールを提供したいと私は思った。だが、そのような場面でもパイロットがひるむことはないというのが統合参謀本部議長ディック・マイヤーズ空軍大将の意見だった。練度も高く、合法の命令をまちがいなく遂行できるというのだ。

**あちらの将軍よりこちらが優れているという話ではなく、将軍はふたりよりひとりのほうがいいということだ**

——デビッド・ロイド・ジョージ

米軍は階層構造になっている。必要だから上層部が作られているのだ。上層部の判断には大きな意味があるし、その命令は遂行されなければならない。明快な指揮命令系統があるから一体的な動きができる。練度、連携、指揮に優れる側が基本的に勝つ状況でこれは大事なことだ。士官も志願兵も、制服組はみな、大統領や国防長官から分隊レベルまでつながる指揮命令系統をきちんと承知している。誰から命令を受け、誰に命令するのか、把握しているのだ。

## 継続性がなければ責任も義務もあったものではない。

明快な指揮命令系統は、誰に指示を仰ぎ、誰の指示に従うべきかがはっきりするのもメリットだ。これほどのトップダウン型組織は民間にない。近年は特に階層を減らし、組織を柔軟にする傾向が強いのでなおさらだ。だが、統率に優れ、成果を出している組織なら、どこでも、メンバーが組織を愛し、細かなところまでおろそかにしないし、指示や指導も明快だ。

軍の特筆すべき点は、リーダーが全員、たたき上げであることだ。三つ星、四つ星の将軍も、みな、階級章が金線1本の少尉だった時代があるし、士官になる前に一兵卒だったことがある人さえいる。民間企業のＣＥＯより部下のことがよくわかる人が多いのだ。

このごろは、経営陣に現場を学ばせる民間企業が増えている。たとえばジェットブルー航空では、管理職には客室乗務員や手荷物を積み込むグランドサービスの仕事を経験させることになっているし、化粧品のロレアルでは、マーケティング担当者にも、ショッピングモールなど、対面販売の現場を数週間ずつ経験させることになっている。

もちろん、幹部が現場の細かなことを気にしすぎるのはよくない。いまは電子メールなどですぐに連絡や指示ができてしまうので、リーダーがマイクロマネージメントに走りがちだ。ペンタゴンでは、国防長官がアフガニスタンやイラクなどの状況を動画でリアルタイムに見ることができる。

だが、私は、基本的に見ないことにしていた。国防長官をはじめとするペンタゴン幹部が結果論で現場を批判するようになってはまずいと思ったからだ。そんなことは軍でも民間でもやるべきではない。トップにいる人間も上り詰める過程でそうしてきたように、下は下のレベルで判断し、ときにはまちがえ、そこから学ぶことが大事なのだ。

**生き残るのは、一番強い種でもなければ一番賢い種でもない**
**変化に一番よく対応できた種である**

——チャールズ・ダーウィンのものとされる言葉

管理が強圧的で頑迷だと、組織から創造性や柔軟性が失われる。軍も、先例主義に陥ってしまい、果敢で順応力の高い敵に対抗できなかった例がたくさんある。ギリシアに攻め込んだペルシア軍しかり、アメリカ独立戦争における大英帝国軍しかり、第二次世界大戦当初にドイツ軍と戦ったフランス陸軍しかり、イスラエル国防軍に対するアラブ諸国軍しかり、そして、ベトナム戦争初期における米陸軍しかりである。

軍隊では珍しいし、米国の民間企業でさえ必ずしもそうはなっていなかったりするのだが、米軍には、誠実で節度のある反論はするべしという文化がある。指揮命令系統の上から下まで個人の考えや判断を尊重する文化になっていて、できるかぎり下のレベルに権限が委譲されている。20代の下級士官や志願兵にも、生死を分けかねない判断が委ねられたり、何百万ドルもする設備が任されたりするのだ。対して旧ソ連は硬直化したトップダウンで、現場には裁量も与えられていなければ責任も求められず、言われたとおりにする以外の選択肢がない。

米軍では、若者も、いまの考え方ややり方を大きく変えなければならない状況にいつなってもおかしくないと悟り、臨機応変に考えられるようになる。そういう訓練がされるのだ。また、若いうちから大きな責任を負う経験もすることになる。みずから判断しなければならない状況や試行錯誤をしなければならない状況に直面することもある。だから、状況に応じて工夫することになる。そうしなければどうにもならないのだ。

状況に応じた工夫こそ、米軍の成功を支えてきたものだと言える。たとえば南北戦争で北軍が勝てたのは、遠方との連絡に電信を使い、人員や物資の輸送に鉄道を使ったからだ（南北戦争は鉄道が初めて利用された戦争である。弁護士として鉄道関連訴訟を取り扱った経験からエイブラハム・リンカーンが推進したのだ）。タリバン政権を倒し、アルカイダをアフガニスタンから駆逐した航空機からの精密誘導弾、特殊部隊、ＣＩＡの連携も、21世紀の戦い方を大きく変えたと言える。

適応力はビジネスにおいても重要だ。自由市場は競争を基本としているからだ。優れた製品を安く提供できるほど、市場でシェアを握り、成功できる可能性が上がる。だが、一度勝てば安泰ということにはならない。成功が長続きすることはまずない。ライバルも、日々、コスト削減の努力をしているからだ。崩れない強みなどない。成功するのは革新に報いる企業だ。栄光に安住する企業は少しずつ落ちぶれ、いつか消えていくことになる。

**変わらぬものなどない**
**どのような攻めにもそれに応じた守りがあり得るし、**
**どのような守りにもそれに応じた攻めがあり得る**

組織にはたいがいライバルがいるものだし、敵がいることだってあり得る。そして、優れたリーダーなら、競争で組織は強くなれると考える。軍なら、敵を観察し、詳しく検討する。よく言われることだが、敵こそが成長の糧なのだ。相手のほうが強いなら、その弱みをみつけなければ生き残れない。だが、敵もさるものだ。こちらのやり方や癖を見抜き、それに合わせて戦術を調整してくる。

１９８３年、テロリストがレバノンの首都、ベイルートの米国海兵隊兵舎に爆発物満載のトラックで突っ込み、海兵隊員と海軍衛生兵、合わせて２４１人が死亡する事件が起きた。米軍は、米国人がいるレバノンの建物をセメントのバリケードで囲み、再発を防止。有効な対策だったが、敵もすぐに対応し、ＲＰＧロケットランチャーによる攻撃に切り替えてきた。これに対して米軍と多国籍軍は、各国大使館の周りに金網を張る。ＲＰＧの弾が届かなくなると、テロリスト側はスナイパーを動員する、遠隔操作で爆発を起こすなどして、通勤途中の米国人といったいわゆる軟目標に狙いを切り替えた。いたちごっこである。戦場で、米国および多国籍軍に勝てないとわかっているので、派手で「非対称な」攻撃をくり返し、それが報道されて、レバノンから撤退すべきだというほうに米国世論や米国議会が傾くことを期待したわけだ（実際、そのとおりになった）。

アフガニスタンやイラクの紛争も似たような展開になった。大軍を動員する我々強国側に対し、敵は、テロリストの小集団など、通常戦闘とは異なる非対称な戦い方で挑むようになった。民主主義の仕組みも利用された。ナイトクラブや駐屯地など、軍事的に重要と言えないところを爆破したりするのだ。それで戦いに勝てると思っているからではなく、その惨状がニュースになれば世論や議会で問題になり、派兵に対する支持が弱くなるとわかっているからだ。

テロリストがしかけてくる可能性のある攻撃すべてについて、１日24時間、あらゆる場所を守るなどできるはずがない。だから、９・11のあと、守るだけではだめで攻撃に転じなければならない、テロ組織そのものや、テロ組織を支援している国々に圧力をかけなければならないとブッシュ大統領は判断したのだ。守りを固めることでどうにかするなら、民主的でオープンな社会のあり方から変えなければならない。「テロの目的は脅すことだ」——レーニンの言葉である。死傷者を出すことも目的ではあるが、それだけが目的ではない。テロリストの目標は、相手を脅して暮らし方まで変えさせることだ。取り締まりを強め、「アメリカ砦《とりで》」などと呼ばれる警察国家にすると、テロに屈したことになってしまうのだ。

## 敵の失策を途中で止めるな

——ナポレオン・ボナパルト

イラク西部にあるスンニ派集落をアルカイダが勢力下に置いた際、米軍は、スンニ派がどう反応するのかに注目した。それまでのスンニ派は、基本的に多国籍軍や新生イラク政府に断固反対しており、実力行使も辞さないケースさえあった。だがアルカイダが暴虐であったことから、このころはアルカイダに対する反発が強くなっていた。だから米軍は、スンニ派の指導者に接触し、その支持を得ることにした。その成果が２００６年のいわゆる「スンニ派の覚醒」であり、イラク治安部隊の規模も能力も拡大したこと、イラク政府も整ってきたことなどもあり、戦争の潮目が変わる一助になった。そして、３万人の米軍増派をブッシュ大統領が決断すると、アルカイダはいったん手に入れた地歩を失っていく。

## こういう状況なら敵はこう動くと考える指揮官は最低だ。

ビジネスの世界では、ライバルの研究で事業の成否が決まることもある。自社の努力を無にする革新が生まれそうだと早い段階で気づけたりするからだ。自社の役に立つ新技術がライバル研究からみつかることもある。流通大手シアーズ・ローバック社の取締役をしていたときのことを紹介しよう。さまざまな商品を安く提供している企業があった。わりと若い会社でどんどん成長していたのだが、100年から続く老舗企業の敵ではないと、気にする人はあまりいないようだ。だが、シアーズと同じ市場で多少なりとも同じ商品を取り扱っているところは、ライバルになりうると考えるべきだった。ちなみに、その企業は、アーカンソー州発祥のウォルマートである。

自動車の世界でも似たような話がある。日本の自動車メーカーは、長年にわたり米国メーカーの動向を研究していた。なにが売れてなにが売れないのか、つまり、消費者はなにを望んでいるのかをじっくり調べたのだ。そうやって日本車が販売シェアを増やしていくのを、米国メーカーは手をこまぬいて見ていた。その結果どうなったかは、いま、米国の街中やハイウェイを走ってみれば一目瞭然である。ウィンストン・チャーチルの言葉を借りれば、「指揮官たるもの、考えて考え抜くことも大事だが、ときには敵も考慮しないといけない」のである。

## なすべきことに合わせて協力相手を決めるべし
## 協力相手からなすべきことが決まるのは愚の骨頂

２００１年９月11日から何日かたったころ、私は、ペンタゴンの執務室でベンヤミン・ネタニヤフとふたりきりで会っていた。米国で起きたテロの後始末について、イスラエルの元首相であり、あのころ未来の首相でもあった人物と、軍事面からも外交面からも相談したのだ。大量破壊兵器の拡散防止から海賊行為への対応、アルカイダやテロリスト組織への攻撃、国家によるテロリスト支援の遮断など多種多様な課題があり、それぞれに適した国際連携をいつも醸成する必要があるというのが我々ふたりに共通する見方だった。それまで米国は、国際的な連携において規模を追うのがふつうだった。そのせいで目標にずれが生じるとしても、である。だが今回は、大規模な国際連携に縛られないほうがいい、なにが米国にとって一番いいのかについて他国の意見に左右されないほうがいいと考えたのだ。

米国にとって一番いい作戦にほかの国々すべてが賛同してくれると信じるなど、ナイーブにもほどがある。そんなことはあり得ない。だから、それより、最初に作戦を定め、その作戦を支持してくれる国を探したほうがいいわけだ。

**人は大きく三つに分けられる**
**事態を動かす人、事態の推移を見ている人、**
**なにが起きたんだろうと首をかしげる人だ**

——ジョン・W・ニューバーン

少し前、最初でつまずいた作戦があった。切手のように小さな着陸スポットの横にあった壁にヘリコプターが突っ込んでしまったのだ（パイロットの腕がよかったおかげで人死には避けられた）。だが、この作戦はヘリコプターの墜落といった不測の事態も念頭にじっくり検討し、何度もくり返し訓練していたので、目的達成に向けてすぐ善後策を講じることができた。すなわち、アルカイダのトップ、オサマ・ビンラディンの殺害である。

米軍のネイビーシールズが世界トップクラスの特殊部隊であることに異論を唱える人はいないだろう。その力は、厳しい選抜とたゆまぬ訓練の成果だ。シールズの証であるトライデントの徽章を身につけようと、毎年、数千人が選抜訓練に臨む。まずは、カリフォルニア州コロナドで24週間の基礎水中爆破訓練（BUD／S）だ。ボートを頭上に持ち上げたまま何キロも走る、荒れた海で泳ぐ、後ろ手に縛られた状態で水に入るなど、訓練は過酷だ。睡眠時間は少なく、身も心も限界まで追いこまれる。

ハイライトは「地獄週間《ヘルウィーク》」と呼ばれる。眠れるのは1週間で4時間だけ。限界を超える経験だ。

低体温寸前でふるえつつ、シールズをあきらめれば毛布にくるまれ、コーヒーで体を温めることができるという誘惑に勝たなければならない。多いときには、候補生の90％がここで脱落する。[13]

これに耐えてトライデントを得ても、訓練は終わらない。退役するまで、心身のスキルを磨く訓練が続くのだ。シールズは全員がトップクラスのリーダーなわけだが、シールズ同士でも、成果などによる序列がつく。評価がくり返し行われ、ふるいにかけられる。戦闘状況における能力は、上官や同僚が評価する。ここで高い評価を受けると、デブグル（DEVGRU）への推薦が受けられる。チーム6とも呼ばれるエリート中のエリートである。

エリート部隊の話をされても我々凡人の参考にならんぞと思われるかもしれない。そんなことはない。シールズもそうなら陸軍の特殊部隊デルタフォースや空軍の戦闘管制部隊、海兵隊の特殊部隊もそうなのだが、彼らが特別なのは腕力に秀でているからではない。これらの部隊には、優れたリーダーを輩出し、厳しく危険な状況でず抜けた成果をあげられる特質がいろいろとあるのだ。

ひとつめ。特殊部隊は、混乱から秩序を生み出すことができる。特殊部隊の訓練が心身ともに追いこむ厳しいものなのは、戦闘時のストレスや混乱を模すためだ。あれほどの訓練を積むと、実弾が飛び交っているほうがむしろ冷静になれたりする。仲間に対する責任が生じる立場にはストレスがつきものだ。だから、互いによく知っていて、互いに尊敬しあい、危機に立ち向かえる組織になっていれば、難局もなんとかできる可能性が高い。軍では、「実戦のつもりで訓練しろ」とよく言われる。特殊部隊はそういう気概をもって訓練をともにしているため、仲間の強みも弱みも果たすべき役割もお互いに熟知している。

ふたつめは、「自分」ではなく「我々」という考え方をする点だ。彼らは「物静かなプロ」とも呼ばれる。大口をたたかない。世間の称賛を求めない。勲章などを授与されると仲間のおかげだと言う人が多い。謙虚だし、自身よりチームや任務を優先する。

もうひとつ、組織がフラットであることも挙げておくべきだろう。通常の部隊に比べて階層が少なく、官僚的でないのだ。特殊部隊は階級に関係なく、全員が同じ訓練を積んでいる。また、任務もややこしくて難しいことから、自分たちなりのやり方をする自由も与えられていれば、その場の判断で動く権限も与えられている。計画と違う行動を取る場合も、本部の承認を得る必要はないことのほうが多い。手続きうんぬんなど官僚的な障害も少ない。

同じように、道を示したら一歩引き、部下の好きにさせることをおすすめしたい。まっとうな人材を集め、適切に教育してきていれば、うまくやれる部下になっているはずである。

## 弱みを見せれば相手に強く出られてしまう力があれば抑止できたはずの勝負に引きずり込まれるのだ

歴史をふり返ると、さまざまな敵がこちらの弱みを探る危ない世界では、強い軍隊が必要であることがわかる。敵はこちらの能力に加え、弱点も分析する。そして、弱みがあれば当然に強く出てくるし、弱みがあると思っただけでも強く出てくる。ふつうならやろうと考えもしないことさえ、敵に弱みがあると思えばしてくるのだ。よく引き合いに出されるのは、韓国は米国のアジア防衛線の外にあるというようなことをディーン・アチソン国務長官が言った話だ。この発言は、韓国を攻撃しても米国は介入してこないかもしれない――そういう印象を与えてしまい、5カ月後、北朝鮮が侵攻して朝鮮戦争が勃発した。

制服組は注意深くあるべしとも教えられているし、自分がどう見られているのかも意識すべしと教えられている。これは、さまざまな局面で大事な教えだ。不注意にいいことなどまずない。ビジネスでは、自社の弱点を認識し、どこにどう付け込まれかねないのかを知っておくべきだ。また、ライバルやそれこそ乗っ取り屋に「だったらこうしよう」と思われないよう、弱みを見せるのも避けるべきだし、弱みがあると受け取られかねないことも避けるべきだ。リーダーの言動や雰囲気で、組織が強く自信にあふれているように感じられたり、逆に、弱っているように感じられたりする。豊富な兵力を備えた軍は強い抑止力になるし、それは、世界平和につながることでもある。

たったいまも、米国軍人が世界のどこかで大変な思いをしている。家族と離れているだけでもつらいのに、砂や泥にまみれていたり、酷暑・極寒に耐えていたり、銃撃にさらされていたり、道ばたに隠された爆発物を処理していたりしているのだ。

こういう話をすると、1914年、探検家のアーネスト・シャクルトンがロンドンに貼って回った南極探検の人員募集ポスターを思い出してしまう。「船員募集。冒険航海。低賃金。危険満載。無事帰還の保証なし。成功すれば称賛と名誉」なるものだったという。米軍兵士は眺めのいい執務室など与えられていない。カジュアルフライデーにも縁がない。IPOで大儲けできることもない。給与は民間と遜色ないが（徴兵制の時代は安かった）、責任の重さやリスクの大きさを考えれば安すぎると言える。であるにもかかわらず、トップクラスのリーダーやマネージャーが大勢志願し、訓練に耐えて従軍する。

米軍が成功できている理由のひとつは、自分より大きな組織に属することから来る目的意識だと思う。いまの米軍は、全員、志願兵である。みずから決断して手を挙げた人々だ。意義がある立派ななにかをなそうという目的意識は、どのような組織であっても強い動機として働く。

フォーチュン500企業でもスタートアップでもNPOでもスポーツチームでも、大成功している組織の有力メンバーは、お金やメリット、称賛などだけのためにがんばっているわけではないことが多い。みな、使命に共感しているから、起きている時間の大半を組織のために使うのだ。特に、なにかをしているその理由に賛同している人はモチベーションが高い。だから、私は、国防長官時代、ペンタゴンや世界各地の基地で兵士を集めては、軍の仕事がなぜ大事なのかを語り、そういう大事な務めを果たしてくれている人々に国民も私も深く感謝していると語った。

そういうすばらしい価値が組織の中心にあれば、みなにベストを尽くしてもらい、その結果、組織も成功することができる。医薬品業界なら、発見・開発・販売された製品が改良され、普及し、命を救うことになる。メディアなら、不正を暴く、世間に情報を伝える、どの政治家に投票するのか適切に判断できる情報を正しく伝えるなどだ。スポーツチームなら、子どもたちの目標になる、子どもたちにチームワークや努力と成果の関係を教えるなどだろう。

多くの人が米軍に志願し、みずからをささげるのは、互いにそうしているからという側面もある。軍の場合、「誰も見捨てない」というのは単なる標語ではない。隊員は面倒をみあうものだという宣言であり、保証なのだ。戦いで傷ついたり倒れたりしたら、仲間が連れ帰ってくれると、みな、信じている。仲間のことは信頼しているし、仲間のためならリスクも取る。相手も自分を信頼してくれているとわかっているからだ。そういう仲間意識と目的意識があるから、仲間を守るため手投げ弾に覆いかぶさる、仲間が安全な場所まで移動できるようにと降りそそぐ銃弾に応戦する、傷兵救出のためヘリコプターで危険地帯に入るなどの献身的行為を軍人はしがちなのだ。

私は、妻のジョイスとふたりでウォルター・リード陸軍病院やベセスダ海軍病院をよく訪問した。そして、アメリカという国が彼らに深く感謝していることをなんとか伝えようとした。腕や足を失うなど戦いでひどい傷を負ったにもかかわらず、みな、仲間意識を失っておらず、「仲間のところに帰りたい」とよく言われたものだ。

朝鮮戦争では、傷ついた仲間を救おうと、激しい砲撃が続く戦場に米軍兵士が戻ってくることに敵軍は驚いたという。ベトナム戦争で戦死した兵士のなきがらを探す努力はいまにいたるまで続いている。2003年にブッシュ大統領がイラク侵攻を決断されたとき、大きな目的のひとつとして、湾岸戦争中の1991年に撃ち落とされた海軍飛行士、スコット・スピッチャーの遺体をみつけることが挙げられた。捕虜になったのか撃ち落とされた際に死亡したのかもわかっていなかったが、12年後、アンバール県の墜落現場あたりで捜索が行われることになったわけだ。聞き取り調査の結果、スピッチャーは墜落時に死亡し、砂漠に埋葬されたことが判明。そして2009年8月13日、遺体が帰国した。

みな、悲しみを改めてかみしめることになったが、同時に、ありがたいことだ、ひとつの区切りがついたという感じでもあった。米国は軍人を見捨てないのだ。

組織というのは、ある意味、家族のようなものであるべきだ。誰かがプラスになればその分ほかの誰かがマイナスになるゼロサムゲームの組織では、楽しく働けるはずがない。全体として目標を達成するため個人が才能を持ち寄る、個人よりチームを優先する、仲間が面倒をみあう——そういう文化のほうが健全だろう。全体の成功が個人にとっても成功であるとみなが考える組織だ。誰も見捨てられたと感じない組織、仲間意識やチームの団結心といったものがあらゆるレベルに浸透している組織にしよう。

CHAPTER 12

# 大統領執務室裏話

INSIDE THE OVAL OFFICE

本書の読者が米国大統領に選出されることはまずないだろう。それどころか、ホワイトハウスで働くことになる人もまずいないだろうし、働きたいと思う人もまずいないのではないだろうか。だが、ホワイトハウスで役立つノウハウはほかの組織でも役に立つ。大統領の仕事はフォーチュン５００企業のＣＥＯとかなり似ているのだ。違いは、責任が重いことと給料が安いことくらいだろう。

私も、４人の米国大統領に側近として仕えることになるなど、イリノイ州の子ども時代には思ってもいなかった。大統領と言われて思い出す一番古い記憶は、第二次世界大戦で最高司令官を務めたフランクリン・デラノ・ルーズベルトだ。すごい人という印象で、彼はずっと大統領であり続けるのだろうと思っていた。だが、中学校1年生だった１９４５年に突然死んでしまった。父親がみんな戦争に行っているときにそんなことになり、驚くとともに悲しくて、友だちと一緒に泣いたことをよく覚えている。

大きくなるにつれ、大統領も神ではないとわかってくる。完璧でもない。余人をもって代えられないわけでもない。なんでもわかるわけでもない。まちがいも犯す。それこそ、大変なまちがいさえも。

**「ホワイトハウスの望みだ」と言うな。建物が望みを抱くことはない。**

だから、ホワイトハウスにはスタッフがいるのだ。スタッフは大統領と国民をつなぐ存在となる。大統領が判断を誤らないよう、助言を提供したりもする（スタッフのせいで大統領がおかしな判断をしてしまうこともある）。それもあって、私はいつも、会議室に飛び込んできて「ホワイトハウスの望みだ」とのたまう連中に苦言を呈する。建物が望みを抱くことはないし、組織だって望みを抱くことはない。なにかを望むのは、組織を動かしている人だ。この区別は大事である。建物と違って人間はまちがうからだ。

**重大なまちがいを犯す危険に満ち満ちているのが政治の世界だ。楽しもう。**

首席補佐官として、ジェラルド・フォード大統領の日本訪問に同行したことがある。米国大統領の公式訪問ともなれば大ごとだ。準備だけで何週間もかかる。随行のスタッフ、警備、連絡、移動など、いずれも大変なのだ。なにを語るべきなのか、なにを語ってはならないのか、なにをなそうとすべきなのか、どういうリスクや問題がありうるのかなども、国務省をはじめとする関係省庁が事細かに検討する。こういう訪問では、同行スタッフが100人規模になることもある。加えて数十人規模の記者団がついてくる。記者団はエアフォースワンに同乗するか別便で移動することになる。記者団用のホテルも必要ならコミュニケーションセンターも必要だし、情報を提供したり質問に答えたりと対応するホワイトハウススタッフも用意しなければならない。

日本訪問はフォード大統領にとって初の外国訪問だった。さらに、現職大統領の日本訪問というのも初だった。また、選挙なしで大統領に就任という珍しいパターンだったことから、フォード大統領は世界の注目を集める存在だった。前任大統領であるリチャード・ニクソンの評価は米国内で大きく下がっていたが、海外では、外交に優れたリーダーで先見の明もあると高く評価されていた。これに対してフォード大統領は知名度もなく、外交面では苦しい戦いになると思われた。

ともかく、フォード大統領の訪日については、すべてを完璧にしようと細心の努力が払われた。レクチャーもすべて準備した。コミュニケーションチームと報道陣の連携も大丈夫だ。準備万端整った――そう思っていた。

ところが昭和天皇への拝謁を前に大問題が発覚する。ズボンが10センチも短すぎたのだ。いまさらどうにもならない。大統領は肩をすくめると、足首丸見えの礼装で天皇の御前に出ていった。当然、その様子は、日本中はもちろん世界中に報じられた。

日本の天皇は世界最後の皇帝である。その御前にそんな姿で出ていくなど、あまりにあまりなことだ。大統領は激怒してもおかしくなかった。そのとき怒られるのは私だ。首席補佐官なので、どんなミスもお前の責任だと言われれば頭を下げるしかない。だがフォード大統領は怒らなかった。問題を認識し、その状況でベストな選択をすると、なにごともなかったかのように前進したのだ。別の人が大統領なら違う対応になっていたかもしれない。少なくとも、もっと大騒ぎにはなっていただろう。

## 政治家も人間である

みな、トップは我々凡人と違うと考えがちだ。CEOや大組織のトップはたしかに違うし、大統領ともなればなおさらだ。米国大統領にはさまざまな側面がある。国の象徴でもある。元首でもあれば最高司令官でもあり、政界のリーダーでもある。そして、人間でもある。最後のひとつは、失念されることが多いのだが。

大統領も人間なので、衝動もあれば感情もある。ジョークやいい話が好きだったりする。あれこれ言われるのはおもしろくないと思いがちだ。妻や子どもの心配もする。怒ることもある。落ち込むこともある。

いつも落ちついていたフォード大統領も、大統領執務室の反対側まで鉛筆をぶん投げるほど怒り狂ったことがある。ジョージ・W・ブッシュ大統領は、いつもは打ち解けた雰囲気だが、ときに厳しい物言いになることがあった。レーガン大統領はジョークを飛ばすのが大好きだったし、ハリウッド時代の話もよくされた（よく聴くと深い話だった）。のちに大統領になる人がある報道に腹を立て、私の執務室で叫んで暴れるなどキレまくるのを見たこともある。

ビル・クリントン大統領とも何度かご一緒したことがあるのだが、あの人は人と接するのが大好きだ。逆にニクソン大統領は人見知りする。だから、大統領執務室ではなく、通りの向かいにある行政府ビルの私室でひとり静かに考えたり書き物をしたりすることがあった。もちろん、苦手だからと公式行事をさぼるような人ではない。有能な政治家で、下院議員にも上院議員にも当選しているし、副大統領にも選出されているし、大統領に2回も選出されている（2回目は、記録的な大差で勝っている）。

ストレスが強くかかる大統領や企業トップなど、パワフルなリーダーの下で仕事をしていると、リーダーも人間だということを忘れがちになる。気をつけよう。

## 大統領の家族に対応する以外にやることはいくらでもある

組織のリーダーにも、家族や親戚もいれば友人もいるし、いろいろと助言をしてくれる人もいる。取り巻きもいたりする。そして、そういう人々は力量や能力もさまざまだ。これがスタッフにとっては頭痛の種だったりする。もちろんホワイトハウスにおいてもそうである。気性も違えば知力も違う、立場のわきまえ方も違う――そんな人々にどう対応すればいいのだろうか。簡単だ。対応しなくていいのである。

フォード政権では、ベティ・フォード大統領夫人の言動がかなりの物議を醸した。大統領夫人、いわゆるファーストレディになるのは特別な経験だ。りっぱな家に住む、英国王室と会食するといったこともあるが、4年から8年は自分も家族もプライバシーなどまったくなくなるし、その後もプライバシーをあきらめなければならないことがそれなりにあったりする。生活はすべて夫中心で、それ以外はなくなる。髪型や服装についてもとやかく言われるし、批判されることも少なくない。報酬なしでこれほどの露出を強いられる立場は世界的にも珍しいだろう。

「自分が服を着ているのではなく、記念像に服を着せている」と、ルーズベルト大統領のファーストレディ、エレノア・ルーズベルトは表現した。自分の意見も当分のあいだ金庫に閉じ込めておくべきだと周囲は思っていることが多い。

そういう意味で、ベティ・フォードは変わっていた。ものおじせずに思ったことは口にするし、ユーモアのセンスもたっぷり備えている。ファーストレディとはどうあるべきかなど気にもしない。大統領である夫に異を唱えたりするし、中絶の権利を支持するなど共和党のファーストレディなら口にするはずのないことを言ったりもする。

これには驚いた人が少なくなかった。ホワイトハウスに手紙を書き、「くだらない考えは思うだけにしておけ」「あなたはレディなどではない。ファーストどころか、セカンドでもラストでもない」とフォード夫人に伝えてきた人もいる。補佐官の中にも、夫人の言動で大統領の支持率が下がるのではないかと心配する人がいた。私も「ベティ問題」にどう対処すべきかと相談されたことがある。

だが、私は問題があると認識していなかった。ファーストレディが自分の意見を持つのはよくないという時代はとっくに終わったと思っていたからだ。そもそも、大統領夫人に行儀作法を教えるようなことなど、分別のある人ならやろうともしないだろう。

世論はフォード夫人に好意的だった。「ベティのご主人をホワイトハウスに」「ベティのファーストレディ再選を」などの缶バッジがあちこちの政治集会で見られるようになったのだ。

ベティ・フォードのように自立していて、自分の意見をきちんと持っている強い人というのは、今後、受け入れられるだけでなく、米国では望ましいモデルになっていくのではないかと思う。そして、そのうち、自分の意見をきちんと持っているファーストジェントルマンが生まれるのだろう、と。そういう人のたずなをどう取るべきかなど、私は助言する気にならない。

大統領のご家族は、政権にかなりの影響を与えることがある。ケネディ大統領のように、奥さんや子どもさんが強みになるケースもある。逆に問題となることもある。私がお仕えした大統領は、いずれも、まだ若いお子さんがおられた。お年頃がお年頃で、パーティが好きだったりするし、ボーイフレンドやガールフレンドがいたりするし、お年頃の子どもがするようなことをいろいろとしたりもする。姓が違っていたら、そのくらい、誰も気にしないはずなのだが。ともかく、だからといって、言動に注意するようお子さんをしつけてくださいと大統領に進言する人はいない。

フォード大統領のときも、お子さんのひとりが前任のニクソン大統領について言うべきでないことを言ってしまったことがある。大統領が政権メンバーに示したガイドラインに反することで、政治的な問題になってしまった。それでも、苦言を呈するのはスタッフの仕事ではない。そのお子さんは好感の持てる若者で、いまも私にとって友人のひとりなのだが、彼になにかを言うのは父親の仕事なのだ。

## 人生の大半は友との交わりである

——エイブラハム・リンカーン

リーダーには世界につながる貴重な存在、友が必要だ。企業のリーダーは、過去に手伝ってもらった人々にまた来てもらったりする。ジョン・F・ケネディ大統領はボストンの政治仲間を頼ったし、絶対の信頼を置く兄弟のひとりを司法長官にすえた。ロナルド・レーガンはカリフォルニア州知事時代の仲間をアドバイザーにしていたし、そのひとり、エドウィン・ミースをのちに司法長官としている。クリントン夫妻にはアーカンソーの仲間がいたし、オバマ夫妻にはシカゴの友だちがいた。ジョージ・W・ブッシュ大統領も、一部スタッフをテキサス州から引っぱってきた。

このあたり、問題だとワシントンでは折々指摘される。特に、ずっとワシントンで仕事をしている「専門家」は、友だちではなく自分たちを使うべきだと口をとがらせることが多い。だが、心の支えとなる友だちがいなければ、大統領執務室で下した決断が世の中にどう影響するのかがわからなくなりかねないと私は思う。

フォード政権時代には、政府の政策に疑問をもつ友人がいれば、それを大統領に直接ぶつけるよう勧めた。人づてだとうまく伝わらないからだ。そういう苦言はだいたいきちんと受け止めてもらえるのだが、実際には意外なほどうまくいかないことが多い。みな、大統領にもの申してやろうと勇んでホワイトハウスにくるのだが、大統領執務室に入ったとたん、その雰囲気にけおされ、しおらしくなってしまうのだ。ジェリーは昔からの友だちだが、いまは米国大統領であり米軍の最高司令官なのだからしかたがないと言えば言える。

そして、すごいね、よくやっているねと褒めちぎり、労をねぎらうだけで終わってしまう。

だというのに、大統領執務室を辞したあと、私に「いや〜、ドン、いろいろと思っていたことを伝えられてよかったよ。こういう話はちゃんと聞いてもらわないとね」などと言うのだ。

## 仕事バカになるな

アップルやグーグルなどの有名組織で働くのは大変だ。ホワイトハウスはもっと大変かもしれない。

ホワイトハウスで仕事をするとき、私は、選出されたのが自分ではなく別の人だということを忘れないように気をつけていた。米国大統領は選挙で選ばれた人で、過半数の国民がなにがしかの理由で支持しているわけだ。その大統領はもちろんだがスタッフも、ホワイトハウス以外とのつながりが薄くなりがちだ。重要人物の下で長時間働くと、仕事とそれ以外の人生を分けるのがどうしても難しくなってしまう。そして、自分は不可欠な存在だ、自分がいなければ仕事が回らないと思うようになってしまう。そうなれば、仕事以外のなにかが犠牲になる。たいがいは家族や友人だ。これは避けなければならない。場所や状況、肩書がどうであれ、だ。

**重要なのは人ではない。職務だ。**

人脈は生きていく上で大事である。そもそも、企業の重役にせよホワイトハウスのスタッフにせよ、あるいはそれこそ米国大統領にせよ、そういう職務に就けたのは人脈のおかげという側面が大きいはずだ。学校行事や家族行事などをおろそかにしていると、そのうちしっぺ返しをくらう。こういったことは取り返しがつかないのだ。

## 大統領首席補佐官は投げ槍の受け取り手だ

——ジャック・ワトソン（ジミー・カーター大統領の首席補佐官）

大統領首席補佐官以上に重要な役職は米国政府にない。いや、世界にもないかもしれない。首席補佐官の職務は、まずなんといっても、大統領が国の大事に集中できるようにすること、なにごとにつけ準備が整っているようにすること、スケジュールどおりに動けるようにすること、そして、安全であるように保つことだ。大統領首席補佐官はほかにない職務だが、そのノウハウは、さまざまな人がクライアントの期待に応えようと働く大組織の管理に役立つものだ。ちなみに、ホワイトハウスのクライアントは米国民である。

組織のトップなので当然なのだが、「大統領に会う必要がある」と思う人全員に会っていたら時間がいくらあっても足らない。自分にとって大事なことはボスにとっても大事なのだと思い込み、自分はボスの近くになるべくいるべきだと考える——そんな自信と押しだけは強い人がたくさんいるのだ。

首席補佐官は、そんな人と大統領のあいだに立ち、調整をしなければならない。大事なのは、ユーモアを忘れないこと、短気を起こさないこと、そして、必要なときには断固とした態度を取ることだ。そんなことを言われても困ると感じるときほど、そういう姿勢が必要なはずだ。ニクソン政権には「ベルリンの壁」と呼ばれるふたりがいた。H・R・ハルデマンとジョン・アーリックマンだ。こう呼ばれていたのは、名前がドイツ風であるのと、大統領が聞きたくないことを言いそうな人などを大統領に会わせないようにしていたからだ。

## 悪いニュースを伝えるのも大統領側近の仕事である

ジェラルド・フォード大統領が朝一番に話をするのも、夜、イーストウイングの私室に引きあげる前、最後に話をするのも、だいたい、私だった。内容は、ニュースに対する愚痴や政策判断についての心配、中国国家主席との電話会談から散髪の予定にいたるあれこれについての希望などだ。

首席補佐官というのはこのくらい近くにいる存在であり、だから大統領がどういう気分なのかも一番よく知っていて、いいニュースにせよ悪いニュースにせよ、いつ伝えるのが一番いいのかもわかる。大統領も我々と同じで、一度に扱えることには限度がある。難問が追加されても大丈夫な時と場合もあれば、悪いニュースを伝えるべきでない日もあるわけだ。そして、いまがそのどちらなのかを判断するのは、ボスに近い人間が適任なのだ。

悪いニュースをフォード大統領に伝えるのは、首席補佐官である私の役目だった。ダウ平均株価が急落したとか、元スタッフの批判が報じられたとか、1975年には商船マヤグエース号が東南アジアで反政府勢力クメール・ルージュに拿捕《だほ》されたとか、内容はさまざまだ。ロナルド・レーガンが入閣を辞退したとフォード大統領に伝えたのも私だ（レーガンは次の大統領選挙に立候補する）。

首席補佐官時代、副大統領をはじめとする主要閣僚には自由に大統領と会っていただくようにしていた。大統領が必要だと思う助言を与えてくれる人々を追い払うようなことはしたくなかったからだ。

## 副大統領は大変な仕事だ それをさらに難しくしないこと

組織のナンバー2というのは簡単な仕事ではない。でしゃばってはならない。控えめにすぎて話題にならないと、こんどは仕事をしていないと言われる。ボスの意志を実現しようとがんばればば、イエスマンだと見られる。大統領やその政策から少しでも距離を置けば、恥さらしだ、不忠だと言われる。ボスを批判するほどの気概がない人を中心に、あちこちからたたきまくられる運命だったりするのだ。

米国の副大統領になるとは、4年から8年もただただ慎重に火中の栗を拾うと言えばいいのか、一輪車で綱渡りをすると言えばいいのか、だ。

大統領選に出る際、副大統領候補の選定に悩む人が多い（なぜそうなるのか、私にはいまもってよくわからない）。ディック・チェイニーや異論はあるかもしれないがアル・ゴアなど、いい選択だよなと思う人もいる一方、ジョン・エドワーズやトム・イーグルトン、スピロ・アグニューのようにどうにも不適切で選挙にとっても政党にとってもマイナスとなる人が選ばれることもある。

誰を副大統領にすべきと思うかと、1974年、フォード大統領に問われたとき、私は、次のようにお答えした。まず、能力、経験、資質の面から大統領になれるはずの人物でなければならない、次に、支持層が広がり、政権運営が円滑になるはずの人物でなければならない、そして最後に、大統領が所属する政党の魅力を高められる人物でなければならない、だ。リーダーを才能面で補完する人物を探すべきだし、可能であれば、組織を強くし、そのリーチを広げる人物を探すべきだ。

私はかなり多くの副大統領と知り合いで、そのうちスピロ・アグニュー、ネルソン・ロックフェラー、ディック・チェイニーの3人は気心を知っていると言える。スタイルはそれぞれ異なる。たとえばアグニューはスピーチに一番時間を使っていて、ニクソン政権の政策よりズボンの折り目のほうが気になるようだった。

ロックフェラーは、米国でもトップクラスに裕福な名家の出だ。であれば当然なのだが、たいがいのことは自分の思いどおりになってきたはずだ。また、副大統領になる前から有名人だった。オイスター・ロックフェラーなる料理が高級レストランにはあったりするほどだ。ニューヨーク州知事を15年も務めたし、大統領選にも2回出馬しているし、メディアでも世間でもよく知られていた。大統領の資質という意味では、ジェラルド・フォードに勝るとも劣らないと言えるだろう。ただ、けんか上等の政治と言われるニューヨークで長年知事をしていたわけで、副大統領になったときも、ローラーで相手をひきつぶすようなことをしてしまった。そのせいで政権のいろいろな人とぶつかったし、フォード大統領とぶつかったことも一度や二度ではない。そんなこんなから、政権の足かせになっているとして、1976年の大統領選では外されてしまった。

**口にしなかった言葉が問題にされることはない。**

——ディック・チェイニーお気に入りの格言（出典はサム・レイバーンと言われている）

ディック・チェイニーは、アグニューと違って服装は気にしなかったし、ロックフェラーと違って自分を共同大統領だと思ったりしなかったし、年齢や健康状態もあって未来の大統領だとか考えることもなかった。裏方に徹し、自分の意見は表に出すこともなかった（大統領とふたりきりのときは例外）。その結果、彼は史上まれなほど有能な副大統領になった。少なくとも私が実際に見たなかではそうだ。一方、自分がどう報道されようと気にしないし、誤解を正そうともまずしなかったため、批判も少なくなかった。だからブッシュ政権に多大な貢献をしたのに、その成果はほとんど知られていない。彼が望んだとおりになったわけで、当然なのだが。ディック・チェイニーこそナンバー2の鏡だと言えるだろう。

ここからわかることは、副官を務めている人に多少なりとも思いやりを示しても罰は当たらない、だろう。少なくとも、副官という視点から世界を見ようとしてみるべきだと思う。

スタッフとして組織で働いていると、高い役職に就いてはいるがトップに嫌われている人とかトップが遠ざけようとしている人、なぜか重んじていない人がいたりする。そういうとき、状況を改善し、トップが決断前に聞くべき意見をきちんと聞けるようにするのは側近の仕事である。

たとえばフォード政権で、大統領は、ニクソン政権から留任したジム・シュレジンジャー国防長官と折り合いが悪く、なるべく会わないようにしていた。逆にキッシンジャー国務長官とはいい関係だった。だから当然、大統領の判断は国防省ではなく国務省寄りになる。おかげでソ連との軍縮交渉で難儀してしまった。

意見を聞くべき人全員から意見を聞いた上で大統領に決断していただくこと。

ペンタゴンの意見や考察はぜひとも大統領の耳に入れなければならない。だから、電話でもいいからなるべくシュレジンジャー国防長官と話すよう大統領にお願いした。国防長官の考えを私経由で大統領に伝えるということもした。国の安全保障は重大事であり、あらゆる側面の意見を大統領に考慮していただくことが私の仕事だと思ったからだ。

同じことは誰にでも起きる。誰でも、相性のいい人もいればいなくても別にいいと思う人もいる。人材や課題について、プラスにせよマイナスにせよ、偏見があればそれを自覚しなければならない。それが上司であれば指摘して、考慮して判断を下すようにしてもらわなければならない。

## あわてふためかないこと
## 内側から見て思うほど事態はひどくならなかったりする

ホワイトハウスはめまいがしそうな仕事場だ。シニアスタッフをしていると、国中で一握りの人しか知り得ないことが耳に入ってくる。国や世界を揺るがす大ニュースも、中の人にとってはニュースでもなんでもなかったりする。とっくの昔に情報が入っていて、背景や経緯なども外の人にはあり得ないくらいよく知っていたりするのだ。

似たことはどのような組織でも起きる。一般の人が報道から知る事実と中の人が知る事実が違うなどだ。たとえば決算報道には何日かかかるのがふつうで、アナリストや投資家がニュースにびっくりしているころ、社内ではすでに問題の改善に向けた動きが始まっていたりする。逆に、ウォール・ストリートでは絶賛されているが、まだ外部には知られていない課題がいくつもあると内部の人間は知っていることもある。組織内外の格差はときとしてめまいがするほどだ。それが仕事をするということなのだと受け入れよう。時間がたてば経緯や情報がいろいろと公表され、批判も称賛もあるべき形に落ちついていくものだ。

## 大統領に対してざっくばらんに意見が言えないなら、
## 任官を受け入れてはならない

大統領になると、自分が代表する国民と距離ができてしまう。有権者から陳情の手紙がきたり、台本なしの対話をしたりすることがないではないが、基本的に、選んでくれた人とやりとりすることは珍しい。だからこそ、スタッフは、有権者がなにをどう見てどう考えているのか、大統領に知らせる努力をしなければならない。フォード政権で私は「率直にモノを言う大臣」だと自認していた（大統領とは昔からの友人だったおかげでそれなりに物が言えた）。大統領からも、就任初日に「友だちには辛辣な批判をしてもらいたい」と言われた。その場にいた我々はみなうなずき、そうすると約束した。だが、大統領を批判したいと思う人などいるはずがない。相手が敬意さえ持つ友人ならなおさらだ。私なりのベストは尽くしたが難しいことも少なくなかった。

１９７５年、大統領は、南ベトナム政府への財政支援について一部議員と対立していた。議会の議決どおりに財政支援をやめれば南ベトナムが共産主義に飲み込まれるのはまちがいない。これに対し、大統領が珍しく怒りを爆発させた。共産主義にたちむかう気概はないのかと議員の姿勢を批判したのだ。１９７０年代にこれはかなり厳しい言い方だった（のちにふつうになってしまったが）。そして大統領の語り口は政権の雰囲気を左右する。彼の言葉は末端にまで浸透し、関係者の言葉に組み込まれて世の中に伝えられる。

このときの言い方は強烈な威嚇で知られるリンドン・ジョンソンかと思うものだと私は感じ、フォード大統領にもそう申し上げた。

「その椅子に座ると、なぜか、みな、強く出るようになってしまうのですよね」と大統領執務机の椅子を指さしながらこう言ったのだ。もちろん褒め言葉ではないし、そのあたり、大統領もちゃんと理解してくださった。

単なる議員なら、あるいは副大統領でも、怒りにまかせて口を滑らせたり不適切な言い方をしたりしても大丈夫かもしれない。大統領は話が違う。心からの強い怒りであることはまちがいないのだが、それを国民がどうとらえるのかはわからない。大統領はその言葉で評価される存在だ。ジェラルド・フォードは、それまでの何人かに比べ、穏やかだとか常識的だとか、正直だと世の中で評価されていた。

公人ならぜひとも避けるべきことがふたつある。ひとつは他人をあざけること、もうひとつは職務をこなす能力がないとみなされること。怒りにまかせてどなり散らすようなこのときの物言いは、後者のおそれがある。それより「アイゼンハワー型」にすべきだろう。アイゼンハワーもけっこうな怒りんぼとして知られているが、人前ではめったに怒りをあらわにしないし人の悪口も言わない。政敵について語るときは、怒りではなく失望や悲しみを前面に押し立てる。フランクリン・ルーズベルトもそういうタイプだった。

このような説明もしたのだが、大統領は、「んなこと言っても、あんなん、敵前逃亡だぞ」と怒りを抑えかねていた。それでも私が言ったことはそのとおりだと思うし、指摘してくれてありがとうと言ってくれた。私が大統領のお役に立てたのは、昔からの友人として、ぜひとも耳に入れなければならないと思ったことを率直に言える人物だったからだろう。

## それは違うと強く思うときは大統領の要望だからと無批判に応じないこと

ボスとスタッフがもともと友だちというのは、必ずしも一般的ではない。だが、率直でざっくばらんな関係であるべきというのは共通している。ジョージ・W・ブッシュのことは彼が大統領になるまであまり知らなかった。また、私が彼の父親と折り合いが悪かったことはよく知られているし、彼は父親を尊敬していたのだが、それでも、私を政権に誘ってくれた。これはすごいことだと思う。

フォード大統領の首席補佐官をしていたころとは異なり、ブッシュ大統領とは、少人数の会議や電話でなにかを指摘するのがふつうで、毎日、ふたりだけで話をして提案や提言をするといった形ではなかった。それもあって、簡単なメモランダムを書いては提出することが多かった。関係者全員とじっくり話をするには忙しすぎる人にも適した方法だ。メモなら都合のいいときに読めるし、要点をうまくまとめてあれば時間の節約になる。

ニクソン大統領はそういうメモを好んだので、ずいぶんとたくさん送らせていただいた。大気浄化法（いわゆるマスキー法）の制定手続きから次期大統領選で争うと思われるエドマンド・マスキー上院議員を外すという話があったが、大統領らしくない、器が小さいと言われかねないからやめるべきだと進言したのもメモだった。共和党としてマイノリティにも手を差し伸べるべきだと進言するメモは何度も提出した。米国国民の監視をペンタゴンにやらせるべきでないというメモは、次のようにかなり強い調子だった。

「我々のような政治システムでそうすべきでないという理由なら150点も挙げられます。大統領は、そのすべてをすでにご存じのはずです」

ジョージ・W・ブッシュ大統領とも意見が食い違うことが何度かあった。たとえば9・11同時多発テロの直後。飛行機乗っ取り犯を「臆病者」と呼ぶのはいかがなものかと大統領に疑問を呈したのだ。昔、飛行機を操縦していた者として、コクピットに入って操縦桿を握り、時速800キロで建物に突っ込むなど、臆病者にできることではないと思うのだ。それをそう表現すれば、敵を大きく見誤ることになる。敵は臆病者ではないし、びくびくと隠れるタイプでもない。狂信者だ。狂信者と臆病者はまるで違う。ブッシュ大統領はそのあたりを理解し、賛同してくださった。

それはまちがいではないかと思うと伝えると、ボスの後悔を大きく減らせる場合がある。同時に組織も守れたりする。

## 言葉と時間ほどリーダーにとって価値のあるものはない
## 上手に使おう

米国において大統領は、宇宙の中心のようなものだ。メディアでも議会でも、政党内でも、場合によっては大統領自身もそう感じていたりする。毎日のようにテレビに登場してはあれやこれやについて意見を言う、著名人が亡くなればお悔やみの声明を出す、深夜番組でコメディアンとやりとりするといった具合だ。気をつけないと露出過多になってしまう。大統領に限らず、組織トップにありがちな問題だ。組織というのは多くの人が協力してなにごとかをなすものなのに、その成果も失敗もトップの業績ということになってしまいがちなのだ。

露出過多は政治家を含むリーダー全員が気をつけるべき問題だ。判断も成否もすべてひとりの責任であるとなれば、尋常でないプレッシャーがリーダーにかかってしまう。自分の仕事だと本来称賛されるべき人が言いにくい雰囲気になると組織の活力も落ちてしまう。

大統領クラスの露出過多を避けるには、公の場に出る回数や声明を出す回数を減らすなどが考えられる。大統領でも企業トップでも、リーダーにとって自分の言葉以上に大事なものはないに等しい。リーダーの言葉は組織のすみずみまで浸透する。みながまねるのだ。有権者や株主、閣僚、取締役、さらにはライバルや敵にいたるまで、さまざまな人がボスの言葉に注目する。だから、演壇に立つのは、ほんとうに必要な場合だけにすべきである。

## 閣僚や省庁に仕事を任せるべし

組織では部下に任せることも考えなければならない。ホワイトハウスも同じだ。閣僚などの使い方がうまかったのは、なんといってもニクソン大統領だろう。彼が集めるのは、有能で創意工夫に富み、組織運営がうまいと定評のある人、しかも、外向きの話が上手な人ばかりだった。逆に、ぜんぶで15人から20人で構成されているのに、2～3人の名前しか思い出せない政権もあったりする。

組織には、たいがい、会議室の壁を越えてメッセージを発信し、外の人々に伝えることのできる人材がたくさんいる。特にフォーチュン500のような大企業なら、会社を代表してある活動について話ができる管理職がいくらでもいる。そういう人に権限を委譲し、仕事を任せるべきだ。

## 大統領府を健全に保つように努力しろ 来たときより強くして去れ

ボーイスカウト時代に学んだルールがある。「キャンプ場は来たときよりきれいにして帰る」だ。誰が残したものでも、ゴミや汚れはきれいにしろというわけだ。

ホワイトハウスなど国の仕事をするときも同じだ。そう私にたたき込んでくれたのは、アイゼンハワー元帥をはじめ何人もの大統領に仕えた友人、ブライス・ハーロウである。長いあいだ政府の仕事をして、メディアや議会、裁判所、十年一日のごとき官僚機構など、あちこちの攻撃に大統領府がさらされるのを見てきた人物だ。

ベトナム戦争やウォーターゲート事件の影響で、フォード政権初期、大統領府の評価は地に落ちていた。そんなある日、ハーロウは「議会や裁判所は大統領の権限を抑えるプレッシャーをかけてくる。それをなんとかしてからホワイトハウスを去れ。来たときと同じ権限を後に残せ。大統領の権限がむしばまれるのをだまって見ているな」というようなことを言ってくれたのだ。

## 公職を楽しめ
## これほどおもしろい経験はそうないはずだし、これほどやりがいのある経験はまずないのだから

公職を志す有能な若者の数は、私が若かったころより減った気がする。国や地方自治体は悪いことやまずいことをしたときくらいしかニュースに登場しないからではないだろうか。

民間の仕事はおもしろかった。興味深いし刺激的で、成果もあがった。だが、政府の仕事を

経験しなかったら、どういう仕組みになっているのかを見なかったら、その課題に取り組まなかったら、そして、もっと国民のためになるよう政府の仕事を改善しようとしなかったら、私の人生から失われたものも多かっただろう。

21歳だった1954年に、私は、プリンストン大学の卒業クラスパーティに参加した。ゲストスピーカーはアドレー・スティーブンソン。元イリノイ州知事（民主党）で、その2年前の大統領選挙でドワイト・D・アイゼンハワー元帥に大負けし、次の1956年こそと準備を進めているところだった（次もアイゼンハワーが大勝する）。

近代トップクラスの人気を誇る政治家を相手にしなければならなかったわけで運はなかったが、心の温かい人だった。控えめでもあり、このときも、演壇を降りたら自分のことなどすぐに忘れられてしまうはずだがと語った。この日の話でまちがっていたのは、ここだけだろう。もうすぐ大学を卒業し、世の中に出ていく我々に彼が語ってくれた話は、それから60年近くたっても忘れることができない。

スティーブンソンが語ってくれたのは、公職の重要性であり、民主的な制度のもとで暮らす特権に伴う責任である。

みなさん自身こそ、みなさんの関心こそ、米国政府が力の源泉とするものです。ですから、こういう言い方はなにかもしれませんが、目を背けないでください。みなさんが目を背けてしまうと、こうして高等教育を受け、また、みずから学び、物の見方や考え方を身につけたみなさんのような若者が全身全霊をもって参画してくださらないと、米国が揺らいでしまいます。そして、米国が揺らげば世界が崩れてしまいます。

この話は、昔もいまも変わらず真理だと思う。いや、いまのほうがさらに、かもしれない。[14]報道でも各種調査でも、政府に対する信頼が失われていると言われているが、国民のためにと必死でがんばる人々がたくさん政府で働いているのもまたまちがいのない事実である。政府では政治的な激戦がくり広げられる。自分の側が勝つこともあれば、そうならないこともある。だが、しっかりと目を開いて政府で働き、そこで仕事に打ち込む人々を知れば、分断する要素より団結する要素のほうが多いとわかるはずだ。

公職に就くことを選ぶ人には称賛の言葉を贈りたい。しっかり仕事をしよう。楽しもう。くれぐれも不祥事だけは起こさないこと。

CHAPTER 13

# 資本主義について

THE CASE FOR CAPITALISM

アメリカ株式会社のトップが大統領や議員と並び、満面の笑みを浮かべている写真がよくある。いかにも親しげだが、実は、政治家が聞きたいと思っていることはまだしも、彼らが聞くべきことを企業経営者が政治家に語ることはあまりない。

企業トップが連邦政府の施策を批判することは少ないし、自由市場のメリットを守るため、また、自由市場が国民にもたらしているチャンスを守るために企業トップが動くことも少ない。そういうリーダーが増えれば、笑顔で政治家と一緒に写真を撮る機会はもっと減るのではないだろうか。

私はCEOも経験しているので、連邦政府の批判を口にしにくいのもよくわかる。そんなことをしたら、企業活動を規制し、監督する権限を持つ内国歳入庁、証券取引委員会、議会の委員会、連邦の各種機関などに自分も自分の会社も報復されかねない。また、ある意味、CEOの上司は取締役会に株主、顧客だと言えるわけだが、その全員がそれぞれに政治信条も違うし、企業トップが口にしたことで経済的損失を被る人も出かねない。

ただ、文句を言わない人も支持しているとは限らない。米国経済の基礎は恐れではなく、不屈の精神だ。その中でトップまで上り詰めた人は、ほとんどがそれを実感しているはずだ。

このところ、ビジネスや資本主義に対する批判が増えている。最近、利益という言葉は悪い意味で使われることが多い。学者や政治家、ハリウッドの映画人など世の中に影響力を持つ人々は、資本主義をけなしがちだ。2012年には、68%もの米国人が「ビッグビジネスと政府が結託し、国民を食い物にしている」と考えているとの調査結果も得られている。[15] ハリウッドのセレブも、選挙で選ばれた人々も、さらには学校の先生方も、米国や自由企業体制は不公平だ、腐っていると若者に教え込もうとしているように思える。

「キャンパスにおける資本主義」という会議が2010年にマンハッタン政策研究所で開かれたのだが、そこでも、自由市場に対する偏見が強いとの指摘があった。ビジネスを唾棄すべきものだと見る若者が多い、大学の講義で読んだり聞いたりしたことからそう考えるようになっているなどと報告されたのだ。[16] ビジネスの世界にこれから入る人々もすでにそこで働いている人々も、こう見られているのだと認識し、そんなことはないのだと反論していかなければならないわけである。

このあたり、多少なりとも激しくなっているし広がってもいるが、実は、昔から起きていたことである。私が学生だった1950年代にも、ビジネスやビジネスマンと言われる人たちをなにかと批判したり、アメリカ株式会社は強欲だ、腐っているとそしったりする教授がいた。企業で働くなど違法だと言わんばかりの調子だった。逆に、大学の仕事は高潔で私利私欲と無縁の世界だと言いたかったのかもしれない。でも、そうじゃないことを私は知っている。第二次世界大戦後、私の父、ジョージ・ラムズフェルドは住宅を売る仕事をした。彼は誠意あるまっとうな人物だ。大儲けはしなかったが、厳しい時代に家族を養ってくれた。そして、勤勉に働き、生計を立てることの意義を、言葉で、背中で、教えてくれた。

1960年代にジョン・F・ケネディ大統領が米国商工会議所で語った言葉も紹介しよう。ここまでのことは、いま、なかなか言えるものではないと思う。

実業界がしっかりと売り上げて十分に儲けてくれなければ、政府が支出をカバーできるだけの税収をあげることなどできません。米国の産業が栄え、成長してくれなければ、経済成長というお約束を国が果たすこともできません。国は米国製品の輸出を増やすことを外交政策として掲げていますが、その製品を実際に作り、売るのは政府ではなく企業です。国内政策では雇用の拡大を目標に掲げていますが、実際に職を作るのは政府ではなく企業です。

これでもケネディは、なぜか、「アンチビジネス」だと言われている。自由企業体制の効能を彼ほどしっかり、論理的に、さらに言えば正しく、訴えた政治家はいないに等しい。それがリベラルな民主党員だというのだから驚く以外にない。

時代が下って1980年代は、レーガン大統領が幅広い減税を行い、産業の役割を訴えたことから「強欲の10年」と皮肉られたりする。また、このころ大ヒットした映画『ウォール街』は、米国資本主義の象徴としてゴードン・ゲッコーなる卑劣な投資家が主人公だ。最近では、極左として知られるマイケル・ムーア監督がアメリカ株式会社の強欲な側面や腐敗を告発する『キャピタリズム～マネーは踊る～』なる映画を発表している。「ごく一部の人が大成功し、残りの大半は彼らに尽くすのが資本主義」なのだそうだ。この2本をはじめ、ハリウッドからは、「欲」に突き動かされる社会を批判するアンチビジネスな映画が次々とリリースされている。

資本主義という制度が「欲」で動いているというのは、ある意味、正しい。ただし、この欲とは、自分の利益を追求したり、成功していい暮らしがしたいと願ったりすることだ。だから、「欲や権力の集中」という資本主義に対する批判にどう答えるかと問われたとき、ノーベル経済学賞を受賞したミルトン・フリードマン博士は次のように答えたのだ。

欲得ずくでない社会などあるのでしょうか。ロシアは違うとでも？　中国は欲で動いてはいないとでも？　なにをもって欲と言うのでしょうか。強欲、強欲と言いますが、誰も、自分が強欲だなどとは思っていません。強欲なのは、常に、相手です。一人ひとりが自分の利益を求めることで、この世界は動いているのです。[17]

私利と利己は違うことも指摘しておこう。自分の目標に向けて進む、成功して財貨を得る、そういうことを家族のために、そして、自分のためにするのは人の本質だ。そうやってみずからの利益を求めたからこそ、電気や自動車、飛行機、鉄道、コンピューター、多種多様な医薬品など、暮らしやすくなったり、かつてはできないことができるようになったり、命を救えたりするモノが生み出されたのだ。

**資本主義には恩恵が等しく分配されないという短所がある**
**社会主義には苦難が等しく分配されるという長所がある**

――ウィンストン・チャーチル

何年か前のことだ。「なにが貧困をもたらすのか」と誰もが問う状況になっているのはおかしいと、メリーランド州アナポリスにあるセント・ジョンズ・カレッジのロバート・ゴールドウィン学長が気づいた。そして、まさしくその問題を検討しようとしていた国際機関から委員長を打診された。学長は、話が逆だと打診を断ることにした。「なにが貧困をもたらすのか」という問いの裏には、人というのは本来裕福なはずであり、なにがしかの原因から貧しくなっているという考えがある。だが、事実は逆で、人は貧しいのが当たり前のはずだ。だから、問わねばならないのは「なにが人を豊かにするのか」なのだ。

この問いの答えはほぼ自明だろう。私利に基づく自由市場という巧みな制度である。米国が世界一成功した国になったのは、偶然などではないし、まして、社会主義によってではない。米国の道も金《きん》で覆われていたわけではない。成功の処方箋もなかった。16世紀、米国に移り住んだ人々が望み、また手にしたのは、チャンスである。神に与えられた才能を活用するチャンスと言うべきか。だから、みな、必死で働いた。リスクも取った。そして、挑戦に節約、苦労の末、成功したのだ。さらに、米国にはチャンスがあると耳にした人々が同じチャンスを手に入れようと大きなリスクを取り、後に続いた。そうやって、何代にもわたり、そのメリットを享受してきたのだ。

**自由市場に対する批判は**
**自由そのものに対する信頼の欠如が根底にあることが多い**

——ミルトン・フリードマン博士

自由市場がすごいのは、命令や強制力に頼らない点だ。その成果は、数え切れないほど多くの人が自発的に物品やサービスを交換することから生まれる。一人ひとりが、なにを買い、なにを売るのが自分にとっていいのかを判断し、その判断の積み重ねが給与や価格を決めていくのだ。どれほど優秀でも、ひとりの人間では太刀打ちできないレベルで。

資本主義でなければ、個人が財産を持ち、企業の製品を手元に置くことなどできない。だから国民は、自分の財産や製品を守ってくれる法律や規制が気になる。罰を受けるとわかっているから、他人のモノを盗んだりは基本的にしない。ジェームズ・Q・ウィルソン博士も、利己主義の暴走を止めるには財産権が一番有効なのではないかと言っていた。資本主義なら努力やリスク、報酬、成果といったものが価値を持つので、人は、手が後ろに回る心配などせず、時間や資源を投入して富を生み出せるわけだ。

自分自身や自分の子、孫まで使える長期的な富を生み出すことが自分の利益となるので、自由市場では、国の成功もみなが願うことになる。ほかの人々の暮らしをよくする事業を興す。つまり、ほかの人々を雇ったりほかの人々に投資をしてもらったり、ほかの人々に製品を売ったりする。その結果、市場経済では、暮らし向きがよくなる人が増えていく。経済的に恵まれていない人であっても、自由市場以外の経済システムで動いている国の底辺層に比べればはるかによい暮らしができるのだ。

もっと大事なことがある。経済的に底辺だろうと頂部だろうと、生まれたときの経済レベルに一生とどまるとはかぎらない点だ。底辺から成り上がる人もいれば、頂点から没落する人もいる。通りに並ぶ小売店も、6カ月もたてば何軒か入れ替わる。企業も同等かもっといい製品を安く提供するところに取って代わられ、倒産したりする。自由市場とはそういうものだ。たとえば私が生まれたシカゴ。私がまだ小さかった1930年代から1940年代には、インターナショナル・ハーベスター、モンゴメリーワード、シアーズ・ローバック、マーシャルフィールズ百貨店などの本社が並んでいた。いまは、グルーポン、オールステート保険、モトローラ、オービッツなどだ。この顔ぶれも、60年後にはまた一変しているだろう。

**社会主義の問題は、そのうち他人のお金を使い切ってしまうことだ**

——マーガレット・サッチャー

人類は、社会主義、共産主義、計画経済など、私有財産がなく、物品やサービスの生産から生まれる果実が国民全員に分配されるという触れ込みの非自由経済をいろいろと試してきた。人はみな平等で、恵みもみんなで分け合うべきだというのがソ連の考え方だった。だが全員が平等などお題目にすぎなかった。豪邸に住み、ジルのリムジンに乗る支配層がいた。腐敗や汚職がはびこっていたのだ。共産主義は理想的だと考える人が多いが、実際にはまるで機能しなかった。

ソ連が崩壊したいまも、社会主義を信じている人がいる。西欧諸国のあちこちにもいるし、米国にも、大学でマルクス主義などを専攻し、キューバのゲリラ指導者、チェ・ゲバラのTシャツを着て都市部で集団生活をしたりウォール・ストリートやアメリカ株式会社をたたいたりする若者がいる。米国連邦政府でさえ、国民が必要としていることやそれこそ気まぐれで求めることさえすべて面倒をみるべきだという方向に流れている。

## 自分で稼いだお金に比べると、他人が稼いだお金は気軽に使いがちだ

自分のお金は、みな、まっとうに使い、驚くような使い方はまずしない。自分の利になるように使い、ばらまくようなことはしない。いろいろとよく考えてから使う。使ったお金に見合うなにかが得られるようにする。ところが他人のお金は、使い方がまるで変わってしまう。

官公庁や企業、さらにはＮＰＯなどの大組織では、これが大きな問題となる。組織が大きくなればなるほど、自分のお金と同じように組織のお金を大事にしてもらうのが難しくなる。どうしても「他人のお金」になってしまうのだ。

しばらく前のことだが、華やかな会議をラスベガスで開くため、一般調達局の役人が現地視察と称して高級ホテルに出張したと報じられる事件があった。会議費用の一部として、ベルベットの箱に入った記念コイン（1枚６０００ドル）（３２００ドル）、さらには、数千台のｉＰｏｄ（うち１００台以上が行方不明）や、読心術などのエンターテイメントなど、合わせて数十万ドルもの費用が計上されていた。前菜はビーフ・ウェリントンにひとり19ドルのアルチザン

チーズ・プレートだ。なぜこんなぜいたくができるのか。簡単だ。自分のお金ではなく、他人のお金だから、である。

野放図な政府支出がメディアなどに指摘されることがあるが、あれは氷山の一角にすぎない。消耗品の予算があるからと、必要もないのにホチキスやファイルフォルダー、ボールペン、紙を山のように買ってくるなど珍しくないのだ。

自宅用を自分のお金で買うときはもっと慎重になるはずだし、こういう不要な消耗品を買うお金にかかる利息も納税者が負担しているのだと多少なりとも考えれば、もっと慎重になるはずだ。「他人のお金」だと、費用対効果が高く納税者や株主の利益になるかどうかと考えることなく、これはあったほうがいいだろうと思えば使ってしまいがちだ。そのお金は、もともと、納税者や株主が稼いだものだというのに、である。

## 国のお金はすべて苦労して稼いだもの、納税者が汗水たらして稼いだものだと心得るべし

ニクソン政権時代、大統領の側近にブリーフケースを届けるため、国の反対側まで飛行機を飛ばしたなんてこともあった。中身は、タイム誌にニューズウィーク誌、新聞数紙だったらしい。現地で買えばごくわずかな支出ですむものに多額の費用をかけたわけだ。

「他人のお金」の無駄遣いは、ふつうの人の日常生活でもよく見られる。マクドナルドでケチャップひとつにいくら、スターバックスでナプキン1枚にいくらとお金を払わなければならなかったら、みんな、それをもらうか否か考えるはずだ。「ただ」だと思うから、なにも考えず気軽に使うのだ。

納税者や株主のお金が賢く使われているか否かを監視する人は、官民いずれの世界にもいない。だから、「他人のお金」も大事にして自分を律せるタイプの人に来てもらい、そういう人に報いるしかない。無駄遣いや不正はだめだとふつうに思う人を探さなければならないのだ。

2001年にペンタゴンへ戻ったとき、スタッフ会議でよく取りあげた点がある。そのころ国防省が直面していた課題に比べればささいだと思われそうだが、私はとても大事だと感じていたからだ。貸与されている電話を私用に使うな、納税者のお金を大事にしろ、お金は身銭のつもりで使え、だ。倫理担当にも折々会うように求めたし、私自身も、倫理の管理職と会っては状況を報告してもらった。「他人のお金」を大事にする文化を醸成したかった、そういう流れを早い段階で作りたかったのだ。

このあたり、事業主個人が資本コストの重要性をよくわかっている中小企業を中心に、民間のほうが対応は速い。未収金、未払い金、在庫に細かく注意し、無駄をなくそうとする。対して政府は、週五日、朝9時から夕方5時までしか使わないビルをたくさん持っていたりする。民間がそれほどのお金を投じて工場を建てれば、その投資に見合うリターンを得ようと考えるし、それを1日8時間、週五日しか使わない、つまり、時間の4分の3は設備が遊んでいたりしたら真っ青になりかねない。まっとうな企業ならシフトを組んで設備をめいっぱい活用しようとするはずだ。そして、いま、世界は1日24時間年中無休で動いていて、連邦政府は兆ドル単位の赤字を垂れ流している。政府機関も民間並みをめざしていいのではないだろうか。職員が増えたからと納税者のお金でビルを新設するのではなく、シフト勤務として、1日8時間、週五日を超えて設備を有効活用してもいいのではないだろうか。

## 「72の法則」を理解すべし

お金と時間の組み合わせはすさまじい力となる。それなりの金額を休むことなく運用しつづければ、利息が積み上がって驚くほどの額になったりするのだ。この関係で「72の法則」と言われるものがある。お金が2倍になる期間が簡単に計算できる金融の世界で使われる公式だ。やり方は、利率や成長率で72を割る。得られる数字が倍増に要する年数である。

たとえば、100ドルを年利7・2%の口座に預金する、あるいは、年間7・2%増えるものに投資するとしよう。7・2で72を割ると10。つまり、この金利なら10年で100ドルが200ドルに増える。20年で倍増してほしいなら、20で72を割ると、年利3・6%が必要だとわかる。最終目標が10万ドルなら、何年間、いくらをどういう利率で投資すればいいかなども72の法則で計算できる。初めてこの計算をして複利の力がすさまじいことに気づくと、誰しもすごく驚く。

２０１４年に生まれた孫のため、祖父・祖母が１０００ドルずつを信託に預けたとしよう。この２０００ドルがどのくらい増えるのかを記したのが次の表である。運用益は年間12％だと仮定した。高すぎると思うかもしれないが、過去60年間におけるS&P株価指数の伸び率がこのくらいなのだ。12で72を割ると、この２０００ドルは6年ごとに倍増するとわかる。

| 年 | 孫の年齢 | 残高 |
|---|---|---|
| 2014 | 0 | $2,000 |
| 2020 | 6 | $4,000 |
| 2026 | 12 | $8,000 |
| 2032 | 18 | $16,000 |
| 2038 | 24 | $32,000 |
| 2044 | 30 | $64,000 |
| 2050 | 36 | $128,000 |
| 2056 | 42 | $256,000 |
| 2062 | 48 | $512,000 |
| 2068 | 54 | $1,024,000 |
| 2074 | 60 | $2,048,000 |
| 2080 | 66 | $4,096,000 |

ここで税金は無視している。投資のタイプにもよるが、基本的に、収益の一部は税金にもっていかれる。それでも、当たらずとも遠からずの数字になっているはずだ。つまり、利息や配当、価値の上昇などにより、孫が66歳になるころには２０００ドルが４００万ドル以上になる。大金が転がりこんだとか、孫がなにかしたとか、まったくなしに、である。それなりの金額を投資すれば、専門家がチームを組み、年中無休でのべつまくなしに働いてくれ、得られた利益を回してくれるに等しい。複利の力はこれほどすさまじいというのに、それがわかる72の法則は、一般的な教育カリキュラムで教えられていないようだ。

## 連邦政府は基本的に最初の手段ではなく最後の手段である

問題を「解決」しようと連邦政府が介入すると、営利活動にせよ慈善活動にせよ、民間に資金が回らなくなることが多いと、1960年代、連邦議会で同僚だったトム・カーティス下院議員（ミズーリ州選出）に指摘されたことがある。「公金は私金を駆逐する」というのだ。政府が投資に乗りだすと、ほかは踏みつぶされると言ってもいいだろう。税金という形でお金を払ったものに対し、慈善活動としてさらにお金を払うのは二重払いの気がして、みな、やらなくなるのだろう。

**公金は私金を駆逐する。**

――トム・カーティス下院議員

困っている人に手を差し伸べるつもりのある人は多い。米国は特に多い。そういう意味では、まちがいなく、米国人が一番太っ腹だ。ところが政府が介入すると、とたんにしみったれてしまう。加えて、政府というのは、個人が自分のお金を使う場合ほどうまくお金を使えない。だから、国の支援や補助は最後の手段にすべきなのだ。

これは国が悪だからではない。汚職があるからでもない。ただ、目的を達成できるように国の資金を使うのがとても難しいからだ。

**政府の仕事ができない政府に事業ができるなどという考えはどこから出てくるのだろう**

――エース・グリーンバーグ

政府の歳出に無駄が多いのは、事業経験のある人が少ないのも一因だ。経済学の基本があまり教えられていない、少なくとも、効果が感じられるほどに教えられていないのも問題だ。需要と供給の関係くらい高校で教えるべきだし、国の介入や補助金が経済をどうゆがめるのかなども高校で教えるべきだろう。そのあたりがわかった上で幅広い国民が積極的に参加してくれなければ民主主義は機能しないのだから。だが首都には法律の専門家や学者ばかり集まるきらいがある。それでは視野が狭く、政策がゆがんでしまうというのに。

フランクリン・D・ルーズベルトが大統領になって政府要職に任命したのは、半分あまりが事業経験のある人だった。ロナルド・レーガンは60%近かった。それがいまは見る影もない。オバマ政権の1期目はわずかに22%で、ウォール・ストリート・ジャーナル紙によると、ここ100年でもっとも少なかったという。

このバランスが崩れて喜ぶ人はいないし、事業経験があり、かつ、国の進む道に関心がある人、あるいは、国の方針や施策が投資や雇用創出にプラスか否かが気になる人はたくさんいる。であるのに、政府に参画してくれる人はあまりに少ない。これは大きな問題だ。雇用はどう生み出されるのか、雇用創出や経済成長をうながす環境とするにはなにが必要なのか、経済界のリーダー以上によく知る人はいないのだから。

## 「意欲的、革新的、新種」などとうたうアイデアは要注意である

サール時代、賃金と物価を統制するとの発表がカーター政権からあった。またその10年ほど前、私は、ニクソン大統領から、賃金と物価の統制を行う生活費委員会の委員長に任命されたことがあった（私は統制に反対だった）。賃金や物価の操作は経済の足を引っぱるとわかっていたので、悪影響がなるべく小さくなるよう努力したのをよく覚えている。というわけで、賃金と物価を統制するのはいかがなものかとカーター大統領に進言することにした。それが私の果たすべき役割だと考えたからだ。

資本主義は大事だと声を上げるのは、自由企業を経営するリーダーの仕事だ。議員や政府幹部など、民間経験がほとんどない人にできるはずがないのだから。アップルCEOのスティーブ・ジョブズはさすがで、「不都合な真実」を政治家に突きつけるのも経営者のなすべきこと

だと心得ていた。だから、２０１０年に面談した際、政策をもっと産業にやさしくしなければ2期目はないだろうとオバマ大統領に語ったのだ。公認伝記によると、工場を建設するなら国の規制が厳しすぎる米国ではなく中国のほうがずっと簡単だし利益もあがるという真実も突きつけたらしい。これはたいへんに有益なアドバイスだ。基本的に支持してくれている大企業経営者からであることを考えればなおさらである。

**どのような問題にも、こうすればいいとみなが知る解決策がある**
**——妙案だ、なるほどと思うが大まちがいの解決策が**

——H・L・メンケン

原因がわからないと問題の解消は難しい。処方薬は医療費高騰の主因だとされ、米国経済の6分の1を占める医薬品業界が連邦政府の監督下に置かれる理由ともなっている。だが実際のところ、医療費に占める処方薬など微々たるものだ。また処方薬が高いのには理由がある。発見・開発し、新薬として市場に導入するまで何年もかかる。発見、試験、開発、マーケティングにもお金がかかるし何千人もの社員も雇わなければならないしで、その総額は億ドル単位にのぼったりする。そこまでするのは、新薬が暮らしを改善し、寿命を延ばし、命を救うはずだと思うからであり、投資に見合うリターンを株主に届けられると思うからだ。重い病の薬を1

ドルで提供できればすばらしいだろうが、そんなことをしたらすぐに倒産してしまい、その後は新薬も作れないし、医薬品の進歩もなくなってしまう。

民間企業とはそういうものなのだが、そう言って擁護する人はまずいないので、国民もメディアも批判ばかりが耳に入ってくる。そのせいだろうか、ときどき、おかしな話が飛び出す。数年前の調査で、「世界の安定を脅かす国」を大学の先生方に尋ねたところ、米国が第2位だったそうだ。[18] 米国より大学の先生方についてよくわかる結果だと言えよう。

## 米国は諸悪の根源でもなんでもない

2002年、我々夫婦は、コフィー・アナン国連事務総長主催の晩餐会に出席した。民主党・共和党の上院議員、ジャーナリストに外交官とそうそうたる顔ぶれがずらりと並んでいる。その何人もが、キューバのグアンタナモ湾にある米軍施設で収容されているテロリストが不当な扱いを受けているらしいと口にした。そして、トップエリートが集まればこうなるよねという方向に話が流れていく。どういう悪事を米国はしているのか、米国の企業はしているのか、米国の政治家は、米国の兵士は、米国の外交官はしているのか、だ。米国の敵がなにをしているのかはほとんど言及されないし、米国がなしている正義もまずもって言及されない。

ブッシュ政権の一員だった私も賛同するはずだと思っていた人もいるだろう。沈黙を貫くと思っていた人もいるだろう。どちらも外れだ。腹にすえかねた私は、テーブルに強く手をついた。ワイングラスやカトラリーが揺れるほどに。音が消えた。

私は立ち上がり、「私は、毎朝、米国が諸悪の根源だなどと考えたりしない」と宣言。そして妻とふたり、会場を辞した。

この言葉は私の本心だ。たしかに米国にも問題はある。完璧などではない。だが、全体をバランスよくとらえなければならない（翌日、急に退席した理由を主催者側に説明した。理解していただけたようだ）。であるのに、実現不可能な務めを自国に課し、その結果をあまりに高い基準で評価する人が多すぎる。米国は諸悪の根源でもなんでもないというのに。

米国は希望と可能性と機会の国だ。ああなりたいと世界中で思われている国だ。国として、社会として、米国がやましさを感じる理由などなにもない。フランスの哲学者、ジャン＝フランソワ・ルヴェルも「有り様から行いまであらゆることにやましさを感じる国は、みずからを守る活力も意志も失っていく」と書いている。地震、津波、台風の被災者を支援する、迫害から逃れようとする人を保護するなど、米国ほど多くの人のために、米国ほど多くをなしてきた国はおそらくない。自由な政治も自由な経済もすばらしいと私は思う。証拠ならいくらでもあるし、そう思っているのは私だけではないはずだ。その実感はもっと語られてしかるべきだ。

証拠のひとつだと考えるものを私はずっと持ち歩いている。夜の朝鮮半島を衛星から撮った写真だ。世界中を飛び回り、自由な経済と政治がすばらしいものだと訴える際によく利用した。

朝鮮半島の北も南も住んでいる人に違いはない。であるにもかかわらず、現状はまるで違う。

朝鮮半島の南半分を占める資本主義・民主主義の韓国は、文字どおり、光に埋め尽くされている。自由市場経済を原動力に、みんなが生き生きとよく働いているからだ。対して非武装地帯の北側、全体主義・共産主義の北朝鮮は、首都ピョンヤン以外、真っ暗である。

朝鮮半島の北も南も住んでいる人に違いはない。資源にも違いはないし、伝統にも文化にも違いはない。であるにもかかわらず、現状はまるで違う。南半分の韓国は、いま、活力にあふれ、自立し栄え、世界に貢献する世界第15位の経済大国である。そうなれたのは、経済のあらゆる面を国が決める計画経済だからでもなければ、ひとりの人間がすべてを統べる独裁制だからでもない。韓国が成功したのは、私利を追求する自由が個人や企業にあるからだ。投資をしたり、雇用を生み出したり、リスクを取ったり、まちがいを犯したり、失敗したり、再トライしたり、目的を達成したりする自由が個人や企業にあるからだ。だから大きく成功できたのだ。対して北朝鮮は、暮らしのすべてが独裁政権の言うがままで、国民は飢えに苦しんでいる。文字どおり、飢えているのだ。国家経済も、国際的な支援が途切れたら破綻する状態が続いている。

どういうやり方ならうまくいき、どういうやり方はうまくいかないのかなど、この写真から一目瞭然だ。資本主義の威力も社会主義の失敗も、この1枚だけで説明することができる。

CHAPTER 14

# 意志という楽天的性格

THE OPTIMISM OF WILL

１９７０年代初頭、米国の大使としてＮＡＴＯに行った際、有能で知られるベルギーの外交官、アンドレ・デ・スタルケ大使と一緒に仕事をすることができた。当時、デ・スタルケ大使は60歳。ＮＡＴＯ北大西洋理事会の議長で、みなの尊敬を集める人物だった。上品ですべてにそつがない大使は、40歳で初めて外交官になり、上品でもなければそつもありまくりの私をなにくれとなく助けてくれた。

その昔、デ・スタルケ大使はウィンストン・チャーチルと親交があり、第二次世界大戦中にダンケルク上空を一緒に飛んだことがあるという。１９４０年に英国はダンケルクでナチスと戦い、それをきっかけに大陸から命からがら撤退するという経験をしている。チャーチルは緑に覆われたその土地を見下ろし、「ダンケルクのとき、ドイツ軍がなぜ英国軍を見逃してくれたのかわからない」とつぶやいた。

では、チャンスがあったらドイツ軍士官に尋ねておきましょうとデ・スタルケは請け合うと、実際、その少しあと、連合軍のフランス侵攻でとらえたドイツ軍指揮官に「ダンケルクで英国軍を全滅に追い込めたはずなのに、なぜしなかったのか」と尋ねさせた。

回答は「そういう命令は受けていなかったから」だそうだ。

リーダーシップについては本が山ほど書かれているし、人の振り見て我が振り直すのも大事だ。だがその前提として、リーダーシップとは直感から生まれるものであり、掟の順守からは生まれないと得心していなければならない。格言や処世訓をいくら学んでもリーダーシップは身につかない。自分で考え、自分で判断しないと身につかないのだ。ダンケルクにいたドイツ軍指揮官がそういうことをする人物でなかったのは世界にとって幸いだったと言えよう。部下に自分で判断するよう求めるべきだとヒトラーやその将軍が理解していなかったのも。

## 人生に必要なのは、知性という悲観的性格と意志という楽天的性格である

——アンドレ・デ・スタルケ大使

１９８７年、大統領選に出馬するか否かを考えていたとき、友だちや昔の同僚に意見やアドバイスがないか尋ねてみた。そのひとりがアンドレ・デ・スタルケだ。そのとき、きっとでき

るとくじけることなく何度もトライする文化が米国のいいところだ、そういう楽天的な考え方をすべきだと送ってくれた一言が冒頭の1文だ（私の人生訓に収録させてもらった）。リーダーシップの要諦を喝破する一言だと思う。こうべを垂れつつ、なにがなんでもやり遂げようと強い意志を持て、ということだ。世界には知らないことも知り得ないこともたくさんあると認める胆力を持て、知ってるつもりだが判断を誤っていることもたくさんあると認める胆力を持て、と。これこそ亀の甲より年の功だろう。未知の世界に飛び込む勇気とまちがう勇気、さらには、失敗する勇気のある人だからこそ出てきた言葉でもある。

## 恥じることがなくなったとなぜか思われがちだ

——ナポレオン・ボナパルト

波の頂点を渡るように成功から成功へと渡り歩く人はまずいない。失敗するのが人なのだ。なかでも、失敗を恐れず挑戦する勇気のある人がリーダーとなる。だが、思ったとおりに運ばなかったケースをふり返り、ああすればよかった、こうすればよかったと自分を責める人が多い。英国国防大臣として数々の功績を挙げたジョン・リードの言葉を紹介しよう。「後知恵なら、なんでも完璧にできる。人が知るなかで、常に正しい理論はこれしかない」だ。

私も、公人時代の言動をふり返ると、もうちょっと違う言い方ややり方をすればよかったなと思うことが山ほどある。息子として、夫として、父として、そして、友だちとして、あれは失敗だったなと思うこともいろいろとある。大事なのは失敗から学ぶことだ。失敗を巻き返す力もなければばならない。失望や期待外れについても同じことが言える。

**中途半端でも支払う代償は同じなのだから、どうせなら最後までやるべきだ。**

――ニクソン大統領がヘンリー・キッシンジャーに語った言葉

ご多分に漏れず、私も、失敗や失望をずいぶんと経験してきた。なかには大失敗や大失望だと思ったものもある。

たとえば海軍時代の１９５６年、私は単発機の飛行士になろうとずいぶん努力したがなれなかった。この大きな失望から、私は、海軍で飛行士として生きていくキャリアをあきらめることにした。28歳のときには、心から尊敬する人物の選挙対策本部長になったが、各選挙区でも1票ずつという僅差で敗れてしまった。１９６５年には、共和党政策委員会の委員長に立候補したが落選。１９８８年には共和党の大統領予備選挙に出馬したが、選挙資金を十分に集めることさえできなかった。

このようなつまずきや失望を経験するたび、私は、進む道を変えた。よくある話だろう。とにかく、後悔に沈まず、失敗から学んで前に進むようにしてきた。

もっと最近にも、失敗や判断ミス、失望を経験している。アフガニスタンやイラクの紛争中にも、だ。戦争というのは先が見えないので、判断ミスがどうしても起きてしまう。制服組に帰らぬ人が出てしまうのも、軍事紛争の悲しい現実である。

国防長官の仕事で一番つらいのは、帰らぬ若者がまずまちがいなく出るとわかっている決断をしなければならない点だ。どうがんばろうが非戦闘員にも死者が出るのさえまちがいない。そういう状況で戦った人々、犠牲になった人々、亡くなってしまった人々、そして、あとに残された人々のことは忘れられない。

**批判にはずいぶんと学ばせてもらったし、批判に気づかなかったことはない**

——ウィンストン・チャーチル

まちがえれば批判される。批判への対応もリーダーシップの一部だ。批判も悪いことばかりではない。どこにどういう問題があるのかがわかり、将来の判断に役立てられたりする。もちろん、すべての批判が役に立つわけではない。

なにをしようとも、それを気に入らない人がどこかに必ずいるものだ。新しいことやふつうでないこと、議論の余地があることをすればなおさらだ。そして、結果論で批判されたりばかにされたり、怒りをぶつけられたりする。また、批判は直接届くとはかぎらず、人づてに届いたり、誰が言ったのかわからない形で新聞や雑誌に載っていたりすることがある。

**駐車している車に犬がほえかかることはない。**

——ワイオミング州の格言（リン・チェイニーが引用）

ペンタゴン時代、私は、波紋が広がった判断やなんだあれはと言われた判断もずいぶんとした。情報が足りなかったりまちがっていたりしたケースもあるし、単純に判断をミスったケースもある。実はすばらしい判断で、のちに批判がまちがっていたと判明したものもあるし、今後、そう判明するものもあるはずだ。私にとってどれがいいのかは、言うまでもないだろう。いまなら違う判断をするケースはあるかと問われれば、もちろん、ある。だが、挑戦を後悔しているかと問われれば、ノーだ。

批判されなかったリーダーなど、挙げるのも難しい。そのあたりは、エイブラハム・リンカーン大統領に向けられた批判を見ればわかるだろう。リンカーン大統領は、それこそ死ぬその日まで、多くの人に毛嫌いされていた。暗殺されてよかったと喜んだ人さえいたほどだ。サルだ、愚鈍だ、パッパラパーだ、古くさい田舎者だ、ただただひどいやろうだ、まるで役立たずだと、とにかくひどい言葉が投げつけられた。リンカーンほどの歴史的リーダーでさえそういう扱いを受けるのであれば、無傷でいられる公人などありえないだろう。

## 飛んでくる批判と名声はほぼ比例すると知っておくべきだ。

1970年代、我々夫婦は、日曜午後にテニスをするなど、故ロバート・ケネディ司法長官の妻、エセル・ケネディとよくご一緒した。そんな時代のある週末、ケネディ家を訪れることになった。そのころケネディ家はふたりの子どもがなにやらやらかしてしまい、メディアの取材攻勢で大変なことになっていた。マサチューセッツ州ハイアニスポートへ向かう車中のラジオでもその話が流れていた。

ハイアニスポートに着くと、我々はあなたの味方だ、ケネディ家が有名だからニュースになっているだけだから気にすることはないとエセルに声をかけた。

エセルからはこう返ってきた。

「お気になさらず。彼らはケネディ家の子どもであることのメリットも受けているけど、その苦しみもまた受けているわけです。それはそれで公平と言うべきでしょう。世の中とはそういうものですから」

潔い姿勢で、忘れることができない。

## ユーモアを忘れない

謙虚でユーモアのセンスがあれば、批判に対応しやすい。ペンタゴン時代、私は、私を笑ったものなど、風刺マンガを執務室の壁に貼っていた。そういうものを見ていると、独りよがりにならずにすむのだ。枚数は年を追うごとに増えた。ハリー・トルーマン大統領の言葉も折々思い出すようにしている。「ワシントンで友だちが欲しかったら犬を飼え」だ。そして、実際に何十年かワシントンで仕事をした結果、「飼うなら小さな犬がいい。手をかまれるかもしれないので」を付け加えることにした。ちなみにこれは、友人でニューヨーク・タイムズ紙のコラムニストをしているビル・サファイアに、「ラムズフェルドの予測」と呼ばれている。

なにごともだんだん忘れられていくと意識しておくのも大事だ。人のうわさも七十五日である。

ニクソン政権時代、連邦政府の資産について、また、それをどう管理すべきかについて、プレシディオ・オブ・サンフランシスコ公園で会議を開いたことがある。お昼休みは遊覧船に乗る予定で、我々は、会議場から港まで歩くことになった。大統領をひと目見ようと、大勢の人が集まっていた。

「大統領だ！」——歓声が上がる。続けて、「副大統領だ」「内務長官のウォルター・ヒッケルだ」など、次々に歓声が上がる。一番の下っ端だった私は一番後ろを歩いていたのだが、その私にも「ドン・ラムズフェルドだ」と声がかかった。それを聞いて、私は、笑みを浮かべてしまった。私とおしゃべりをしていたひょろひょろの人物に声がかからなかったからだ。彼の名前はチャールズ・リンドバーグ。

たった何十年か前、彼は世界でもトップクラスに有名な人物だった。25歳のとき、ニューヨークからパリまで無着陸の大西洋横断飛行に世界で初めて成功した航空界のパイオニアなのだからそれも当然だろう。新聞の一面に写真がでかでかと載ったこともある。子どもが誘拐されたときには「今世紀最大の犯罪」だと国中が大騒ぎになった。第二次世界大戦時には、参戦すべきでないとの意見に何百万人もの賛同が集まったり、逆に非難する人が大勢出たりした。彼にちなんでリンディーと名付けられたダンスが有名になったなんてこともある。

海軍で飛行機を飛ばしていた私にとって、世界一の有名パイロットだった人物に会えるのはまたとない機会だ。それほどの人物なのに、リンドバーグだと気づき、彼を指さしたり彼の名前をつぶやいたりする人はいなかったわけだ。つぶやかれたのが私の名前だけだったのは象徴的だろう。名声なんてものははかない。大事なのは、名声が去ったあとになにが残るかだ。仲のいい家族、友だち、自分を信じる気持ち、世の中の役に立てたという思いあたりだろうか。

リーダーは直感を信じる、批判を受け入れてそこから学ぶ、独りよがりを避けるに加え、天の加護を得ることも大事だ。「運も実力のうち」である。

1951年、私は海軍兵学校の学生という身分で戦艦USSウィスコンシンに乗り組んでいたわけだが、第二次世界大戦で日本の本土爆撃にも参加したこの戦艦の係留がとけてしまい、ハドソン川のニュージャージー側に流され、泥にはまって動けなくなったことがあった。なんとかしようと、みな、必死になった。10隻あまりもタグボートを集めて押したが戦艦は動かない。最後は、誰かがタグボートの動きを調整して協力できるようにしたおかげで、ウィスコンシンを動かすことができた。私はそう思っていた。

それから何十年かあと、アメリカ海軍作戦部長のエルモ・ズムウォルト海軍大将と会っていたときのことだ。協力すれば大きなこともできる例としてこの件をよく語るのだと話すと、ズムウォルト大将はあの事件の当日、航海長としてウィスコンシンに乗っていたというではないか。そして、私の記憶は基本的に正しいが、一点だけ違っていると教えてくれた。タグボートの力だけでは戦艦を動かせなかった、タグボートが協力して押したとき、ちょうど、潮が満ちてくれたから海軍は大きな不名誉を避けられたのだそうだ。というわけで、そのあと、私は、この教訓の完全版を語るようになった。人事を尽くして天命を待つことも時として必要ということだ。

**成功を確実にすることなどできないが、成功してしかるべきまではもっていける**

——ジョージ・ワシントン

私は、米国の歴史の3分の1以上も生きてきた。私が子どものころの米国はまだごく若かったわけだ。大統領も、私が生まれた1932年から2013年までだけで14人に上るし、私は、幸運にもうち11人と面識があり、4人の下で仕事をした。大恐慌1回、世界大戦1回、冷戦1回もあったし、紛争や危機は数え切れないほどあった。豊かな時期も苦しい時期もあった。そして、その間、米国は世界をよくするリーダーであり続けた。

**愛国心とは、一時期、熱狂的な激情がほとばしることではなく、生涯を通じて変わらず、穏やかに献身し続けることを言う。**

——アドレー・スティーブンソン

クラスメイトとともにアドレー・スティーブンソンのスピーチを聞いた1954年、米国は新しい時代に入ろうとしていた。第二次世界大戦の時代を終え、冷戦の時代に入ろうとしていたのだ。テレビは登場したばかりで、ニュースは、基本的に、新聞や週刊誌から得るものだった。

いま、新聞は廃れつつあるしニュース雑誌のなかには紙版をやめたところもある。一方テレビは何百チャンネルも見られるようになっているし、居間のテレビからだけでなくほぼどこからでも見ることができる。昔、私が飛ばしていた海軍の飛行機は輝くような最新型だった。その機体は、いま、博物館の天井からつり下げられている。

国民は増えたし人種などの多様性も進んだが、それでも我々は我々のままだ。失敗しても終わらない国、2回でも3回でも、それこそ4回でもチャンスを手にできる国で、思いやりと希望に満ちた人々に囲まれて生きている。どの世代もそうやって生きてきたし、これからの世代もそうやって生きていく。米国とは、そういうことがくり返されるすばらしい国なのだ。米国が生まれるまで、高貴な生まれでない人、名家の出でない人、エリートでさえない人をリーダーに選ぶ国はなかった。米国の憲法を起草したのは、国中から集まった農民に物書き、商人であり、金持ちもいれば貧乏人もいた。もちろん、まちがいも犯してきた。大失敗もあった。それでも、我々はあきらめることなくがんばり、栄えてきた。

米国に疑いの目を向ける人もいる。いわく、政治が腐敗している。いわく、政府はまっとうに機能できていないように見える。いわく、最近の文化は、いわれのない暴力や恐怖を助長している。いわく、あまりに無礼な議論が見られる。

たしかにそういう面がないでもないが、それが米国の心髄ではない。国全体がまちがった方向に進んでいると見えても（私が生まれてからだけでも、何度もあった）、我々は、いつも、手遅れになる前に軌道を修正してきた。

## 舞台に上がる人が世界を回している。

米国の国民は、心のジャイロスコープと重心がしっかりしている。だから、情報さえ十分にあれば、まっとうな結論を出せることが多い。「米国人は、いつも、選択肢をすべて検討して正解にたどり着く」――ウィンストン・チャーチルはこう評したらしい。

20世紀は「米国の世紀」だと言われた。米国のリーダーシップで世界が成長した、と。だが最近、米国の世紀は終わったんじゃないかとか、米国の偉大なるリーダーの時代も終わったんじゃないかといった声がちらほら聞こえてくる。そういうことを言う人は、過去にも似たような懸念があったとは思わないのだろうか。いまもだがそのころも、名前が知られていなかっただけで、舞台の袖には、出番を待つ偉大なリーダーが何人も控えていた。ただまだ無名で、国の反対側、乾ききった基地に配属され、ごくわずかな給金をもらっていたりしただけだ。数年ごとに引っ越しをくり返し、厳しい環境で子育てをしていたりしただけだ。

そこに偉大なリーダーが何人もいる、昔からいたとわかったのは、第二次世界大戦で攻撃を受けて大変なことになったからだ。試練の時に、度量が広く、全身全霊をささげてくれる傑物が何人も、厳しい役回りを演じる貧乏くじを引いてくれたのは、米国にとって幸運以外のなにものでもない。マーシャル、アイゼンハワー、ブラッドレー、マッカーサー、アーノルド、ニミッツなど、多くの軍人が立ち上がってくれた。文民も、ルーズベルト、トルーマン、バンデンバーグ、スティムソン、ニッチェなど多くが献身的に働いてくれた。

彼らは、米国に対する視点がほかの人々と違っていた。だから、世界を紛争が覆ったころ、ありふれた国のひとつだった米国が、大戦後には、史上まれに見るほどの偉大な国になれたのだ。米国の大使としてNATOで仕事をすることになり、私はしばらく、家族とともに米国外で暮らした。そのころ、欧州はほぼどこに行っても米国に尊敬の目が向けられていた。わざわざ大海原を渡り、自分たちの大陸を専制から二度も救ってくれた国だとみんなわかっていたからだ。気高い理想を本気で守ろうとする国だとみんなわかっていたからだ（そのリーダー自身が理想を体現していないこともあるにせよ）。娘を米国に行かせたい、そうすれば孫が米国の市民権を得られるからと言われたことも多い。米国の市民というのは、それほどに特別な存在なのだ。

リードする力と気概のある若者がいるかぎり、米国は、世界に希望を発信しつづけるだろう。そういう若者はこれからもずっといると私は信じているし、国が困難に直面することがあれば、先輩諸氏と同じように彼らが立ち上がってくれると私は信じている。

念のために申し添えておこう。リーダーも完璧な存在ではない。大失敗することだってある。そういうとき彼らはまた立ち上がり、ほこりをはたいて前に進む。七転び八起きである。ハリー・トルーマンは、昔、アリゾナ州で見た墓碑銘の話をよくしていた。「最善を尽くしたジャック・ウィリアムズ、ここに眠る」と刻まれていたらしい。たしかに、どれほどのリーダーであってもそれしかできないだろう。いつか自分のキャリアをふり返り、最善を尽くしたと言えるなら、それは幸せなことだ。よくやったということなのだから。

# 謝辞

本書は80年がかりで書いたものだ。話の中心は、その間に仕事をご一緒する栄誉をいただいた方など、前世紀に活躍した超優秀な人々である。そのひとり、第38代米国大統領のジェラルド・R・フォードには、このさまざまな知恵を1冊の本にまとめるべきだと強く勧めていただいた。

種々雑多な法則を整理してひとつの物語に仕立て、本書を出版するにあたっては、ジャベリン社の若手ライターふたり、キース・アーバンとマット・ラティマーの手を大いにお借りした。ふたりの力とユーモア、後押しがなければ、本書を書き上げるのは難しかったかもしれない。刊行直前のめまぐるしい作業では、ハーパーコリンズの編集者、アダム・ベローとエリック・マイヤーズからさまざまな助言をいただくとともに、あれこれ相談にも乗っていただいた。

そのほか、私の事務所で働くリンダ・フィギュラ、ブリジット・セドラチェク、エリザベス・クーン、サラ・コナント、リムリー・ジョンソンにもお世話になったし、インターンのエレン・クリスチャンセン、ニコラス・ミクネフの手もわずらわせた。彼らがいてくれたから、本書の執筆という喜びを実現できたと言えるだろう。

原稿を読み、忌憚《きたん》のない意見を返してくれた人々もいる。トリエ・クラーク、ラリー・ディリタ、ブルース・ラッド、ジーン・エドワード・スミス、マーリン・ストメックらだ。デビッド・チュー、ダグ・ファイス、ジム・デニー、ビル・ギャラガー、エド・ジャンバスティアーニ海軍大将にも部分的に読んでもらい、貴重な意見をもらうことができた。

だが、なんといっても一番ストレートな意見をくれたのは、一番身近な相談役を60年も続けてくれた人物、ジョイス・ラムズフェルドである。

関与してくださった方々、全員に心からの感謝を。

| | |
|---|---|
| 1974〜1975年 | ジェラルド・R・フォード大統領の大統領首席補佐官 |
| 1975〜1977年 | 第13代国防長官、大統領自由勲章を授与される |
| 1977〜1985年 | G・D・サール・アンド・カンパニー社CEO兼プレジデント |
| 1982〜1983年 | ロナルド・レーガン大統領国連海洋法条約特使 |
| 1983年 | ロナルド・レーガン大統領中東特使 |
| 1988〜2001年 | ギリアド・サイエンシズ社取締役兼会長 |
| 1990〜1993年 | ゼネラル・インスツルメンツ社CEO兼会長 |
| 1998年 | 米国弾道ミサイル脅威委員会委員長 |
| 2000年 | 米国宇宙管理組織国家安全保障評価委員会委員長 |
| 2001〜2006年 | 第21代国防長官 |
| 2007年 | ラムズフェルド基金理事長 |
| 2011年 | 回想録『真珠湾からバグダッドへ』がニューヨーク・タイムズ紙ベストセラーとなる |

## 付　録　ラムズフェルドの略歴

| | |
|---|---|
| 1932年 | イリノイ州シカゴに生まれる |
| 1946〜1950年 | ニュートライアー高校 |
| 1950〜1954年 | プリンストン大学（文学士） |
| 1954年 | マリオン・ジョイス・ピアソンと結婚 |
| 1954〜1957年 | 海軍飛行士、飛行教官、飛行教官の指導教官として米国海軍に所属 |
| 1957〜1975年 | 米国海軍予備役 |
| 1957〜1959年 | デビッド・デニソン下院議員（オハイオ州選出共和党議員）の行政補佐官 |
| 1959年 | ロバート・グリフィン下院議員（ミシガン州選出共和党議員）の補佐官 |
| 1960〜1961年 | シカゴのA・G・ベッカー・アンド・カンパニー投資銀行でブローカーを務める |
| 1962〜1969年 | イリノイ州第13選挙区から連邦議会下院議員に当選 1964年、1966年、1968年にも再選 |
| 1969〜1970年 | 経済機会局長、ニクソン大統領補佐官を務め、大統領内閣にも参画 |
| 1971〜1972年 | 経済安定プログラムの長、大統領顧問を務め、大統領内閣にも参画 |
| 1973〜1974年 | 米国大使としてベルギーのブリュッセルにあるNATO本部に赴任 |

# 原　注


1. Robert A. Caro, *The Years of Lyndon Johnson: The Passage of Power* (New York: Knopf, 2012), p. 224.
2. Donald Rumsfeld to President George W. Bush, "Predicting the Future," April 12, 2001. www.rumsfeld.comで閲覧可能。
3. Donald Rumsfeld, "Iraq: An Illustrative List of Potential Problems to Be Considered and Addressed," October 15, 2002. www.rumsfeld.comで閲覧可能。
4. Jonathan Aitken, *Charles W. Colson: A Life Redeemed* (New York: Doubleday, 2005), p. 167.
5. Robert L. Jervis, *Why Intelligence Fails: Lessons from the Iranian Revolution and Iraq War* (Ithaca, NY: Cornell University Press, 2010).
6. Thomas Schelling, foreword, in Roberta Wohlstetter, *Pearl Harbor: Warning and Decision* (Stanford, CA: Stanford University Press, 1962).
7. Dana Priest and William Arkin, "A Hidden World Growing Beyond Control," *Washington Post*, July 19, 2010, p. A1.
8. Ron Nessen, *It Sure Looks Different from the Inside* (Chicago: Playboy Press, 1978), p. 110.
9. Rumsfeld voting record, "Defense Authorization, FY 1966—HR 12889," 89th Cong., 2d sess., March 1, 1966.
10. RedState.com, "Documenting Bob Woodward's 'State of Denial.'"
11. Donald Rumsfeld, "Discussions with Russia," July 12, 2001. www.rumsfeld.comで閲覧可能。
12. Peter Rodman, *Presidential Command* (New York: Knopf, 2009), p. 5に引用されている。
13. Eric Greitens, "The SEAL Sensibility," *Wall Street Journal*, May 7, 2011.
14. スティーブンソンのスピーチの全文は www.rumsfeld.com で閲覧可能。
15. Rasmussen Reports, "68% Believe Government and Big Business Work Together Against the Rest of Us," February 2011.
16. Marilyn Fedak, introduction to "Capitalism on Campus: What Are students Learning? What Should They Know?" Center for the American University, Manhattan Institute, University Club, New York, October 2010.
17. トーク番組「フィル・ドナヒュー・ショー」(日付不明)でのインタビューの様子は http://www.youtube.com/watch?v=E1lWk4TCe4U で閲覧可能。
18. Gary A. Tobin and Aryeh Weinberg, "A Profile of American College Faculty: Political Beliefs and Behavior."

写真クレジット

| | |
|---|---|
| p11, 281 | Courtesy of the Gerald R. Ford Library |
| p28, 111 | Eric Draper, courtesy of the George W. Bush Presidential Library |
| p44 | David Hume Kennerly |
| p49 | Cherie A. Thurlby/Department of Defense |
| p77 | Dirck Halstead/Getty Images |
| p171, 213 | OSD Historical Office, Photograph Collection |
| p188 | Department of Defense official photo by Robert D. Ward |
| p200, 243 | Rumsfeld Collection |
| p311 | Win McNamee/Getty Images |

## 著訳者紹介

**ドナルド・ラムズフェルド**（Donald Rumsfeld）1932 年〜 2021 年
アメリカの政治家・官僚・実業家。プリンストン大学卒業。アメリカ陸軍士官学校を卒業後、海兵隊に入隊。共和党員として、ニクソン、フォード、レーガン、ブッシュの各政権にて要職を務め、アメリカ政府の中枢で活躍。フォード政権においては、史上最年少で国防長官に、その後、ジョージ・W・ブッシュ政権では史上最高齢の国防長官に就任した。実業界では、フォーチュン 500 社の CEO を歴任。退任後は、ラムズフェルド基金の代表を務めた。

**井口 耕二**（いのくち・こうじ）
翻訳家。1959 年生まれ。東京大学工学部卒業、米国オハイオ州立大学大学院修士課程修了。大手石油会社勤務を経て、1998 年に技術・実務翻訳者として独立。訳書にアイザックソン『スティーブ・ジョブズ I II』（講談社）、ガロ『スティーブ・ジョブズ 驚異のプレゼン』（日経 BP 社）、パウエル『リーダーを目指す人の心得』（飛鳥新社）、ストーン『ジェフ・ベゾス　発明と急成長をくりかえすアマゾンをいかに生み育てたのか』（日経 BP 社）など多数。

# ラムズフェルドの人生訓

発行日　2023 年 7 月 31 日　第 1 版　第 1 刷
2024 年 3 月 25 日　第 1 版　第 2 刷

著　者　ドナルド・ラムズフェルド
訳　者　井口 耕二
発行者　出張 勝也
発　行　株式会社オデッセイコミュニケーションズ
〒 100-0005　東京都千代田区丸の内 3-3-1　新東京ビル B1
電話 03-5293-1888（代表）FAX 03-5293-1887

装　丁　柿木原 政広、犬島 典子（10inc.）
編　集　河本 乃里香
DTP　三木 和彦、林 みよ子（アンパサンドワークス）

印刷・製本　中央精版印刷株式会社


ISBN 978-4-908327-17-9